JN133176

伝える人、永六輔

『大往生』の日々

井上一夫

集英社

伝える人、永六輔

『大往生』の日々

アルコ
ue
marina

まえがき

永六輔
1933―2016年。東京浅草に生まれる。本名、永孝雄。早稲田大学文学部在学中より、ラジオ番組や始まったばかりのテレビ番組の構成にかかわる。放送作家、作詞家、司会者、語り手、歌手、ラジオパーソナリティなどとして、多方面に活躍。
（『大往生』一〇一刷奥付）

永六輔さんと初めてお会いしたのは一九九二年九月、小劇場「ジァン・ジァン」（東京・渋谷）の楽屋です。そしてわたしは、『大往生』（一九九四年三月刊）に始まって、『二度目の大往生』『職人』『芸人』『商（あきんど）人』『夫と妻』『親と子』『嫁と姑』『伝言』と続く岩波新書九冊の編集を担当することになりました。最終作『伝言』の刊行は二〇〇四年二月。およそ一〇年余り、本づくりをごいっしょしたことになります。

永さんの新書の代名詞のごとく言われる『大往生』は発売一年で一九〇万部を超え、累計二四六万部に及ぶという破天荒なものでしたけれど(二〇一八年一二月現在)、続く八冊もすべて一〇万部をクリアしていて、ときに数十万部というレベルを実現しました(全九冊の総部数は四〇〇万部超)。ここまで広く読者の支持を得たシリーズは空前です。永さんの言葉はたしかに読者に届いていていました。

思えばこの岩波新書九冊、彼の六〇代の一〇年間とぴったり重なっていました(『大往生』の相談が始まった翌年、還暦を迎える)。「旅暮らし」と「ラジオ」をキーワードに、いよいよ旺盛な活動を展開する時期です。豊富な経験を持ちながら貪欲《どんよく》な好奇心に溢れて、あくまで若々しい。まさに溌溂《はつらつ》・颯爽《さっそう》としていました。このとき彼と向かい合えたのは身の幸運というべく、受けた刺激ははかりしれません。本づくりの日々はむろんのこと、のちに書店サイン会の全国行脚のおかげで旅に同行する機会に恵まれるなど、さまざまな場面で大いにインスパイアされることになります。

訃報を聞いて(二〇一六年七月七日逝去)、二週間ほどたったある日、かつての岩波書店同僚Sさんから電話がありました。あとでふれますが、かのベストセラー『大往生』のそもそもの発案は彼です。

しばらく永さんを偲んで語り合ったあと、彼はこう言い出しました。「岩波書店では君がいちばんよく永さんを知っている。本としてまとめるべきだよ」云々。思わぬ提案に驚き、「とんでもない」と応じたものの、しだいに気持ちが動き、考え込むことになります。それがこの本をまとめることになる発端でした。

あらためて振り返ってみると、たしかにわたしは新書づくりで格闘し、その人となりに接する機会は多かった。しかし、その後の折々のお付き合いを合わせてもたかだか二〇年程度、それも出版にかかわる場面に限られます。名曲揃いの作詞活動など、永さんの活動領域は多彩であり、メディア史上に残した足跡は巨大というしかない。そして彼には、メディア界に限らず、さまざまな分野にさまざまなかたちで、「同志」といえる人たちがいました。わたしなどの出番ではないと怯《ひる》むのは当然です。

そのときふと、ほかならぬ永さんに教えられた言葉を思い出しました。


「井の中の蛙《かわず》、大海を知らず。ただ空の深さを知る」

古くからのことわざはそのままに、あらたな語句を追加すると風景が一変します。どうやらそれなりに流布したものらしいとあとで知りますが（「深さ」を「青さ」とするヴァージョンもある）、わたしはこのときが初耳。見事な喩《たとえ》と深く頷いた覚えがあります。

わたしはまさにこの「蛙」でした。永六輔という巨大な存在は捉えようもない。しかし、みずからが及ぶべくもないものに思いをめぐらせ、見つめ続ける、それは自分なりにしてきたはずだ。そして限定された場面で見つめ続けてきたからこそ意味があり、独自性があると考えていいのかもしれない。

そして、このとき教えられた言葉はいまひとつありました。

「大海の鯨、井の底を知らず」

井戸の中には井戸の世界がある。大海を悠々と泳ぎまわる「鯨」には見えない別の世界だ。なるほどそうだと納得したものです。「神は細部に宿る」とか。ささやかな経験を語り紡ぐのはそれじたいに意味があって、卑下するにはあたらない。

人それぞれに、その人にしかないものとして永さんの記憶があります。わたしは幸いにして、かくも多くの読者に支持された新書を一〇年余にわたって編集するという幸運に恵まれました。そこで垣間見た彼の姿を書き残すのは、わたしが受けた恩に対する礼儀である、そんなふうにも思えたのです。

わたしが思うに、永さんは「伝える人」でした。自分が深く納得し、世に伝えたいと思うことをしっかり伝える、これこそが一貫した姿勢だったと思います。「伝える」のであって、「教える」ではありません。だからこそ、強いメッセージになり、その人なりに触発される。

しかも彼の場合、自分ひとりの思いを伝えるというものではないことが重要でした。ご自身が明言しているように、父母、家族、ご近所、仲間、そして全国各地の市井の人々から聞き取ったものが多く含まれます。みんな永さんに伝えようとし、彼はそれをしっかり受けとめて、さらに広く伝える。そしてあの人、「伝える」言葉を「伝わる」かたちにする名人でした。わかりやすく、しかも笑いをまぶして。

ちなみに本書、交流のなかで見聞きしたエピソードが多くなるには理由があります。あの人は「偉大な触媒」でした。手を取って教えたりはしないけれど、ふと洩らす一言、ちょっとした振舞い、思いがけない指摘、それが人をインスパイアし、その人のなかにあったものを呼び起こす。こうした経験はおそらく、わたし個人にとどまりません。どの分野であれ、彼に接した人すべてが抱く感覚だったのではないでしょうか。

僭越《せんえつ》ながら永さんのひそみに倣い、存分に話を広げ、ときに脱線しつつ、自由に綴りたい。彼の本質のなにものかを「伝える」ことにつながれば幸いです。

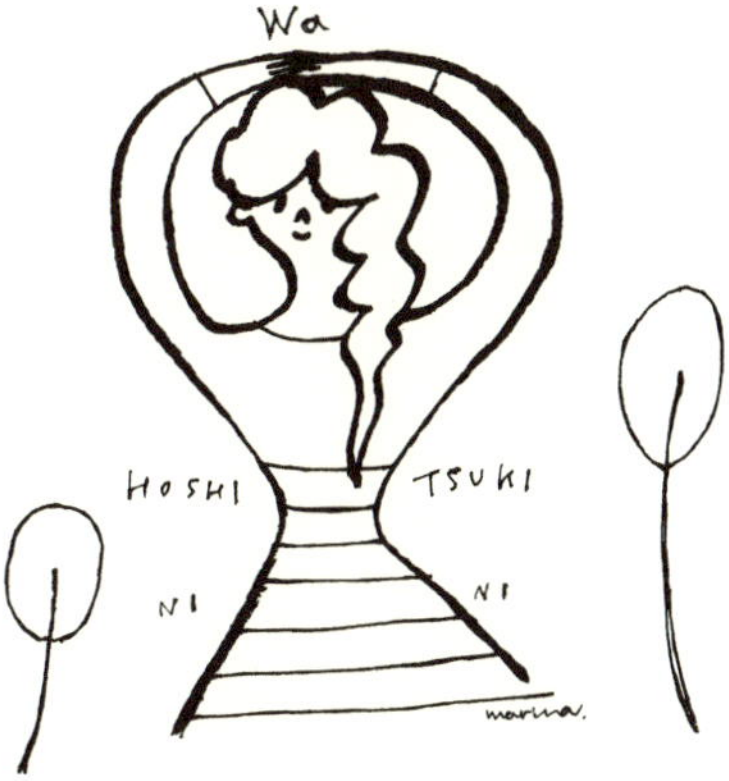
Wa
HOSHI
TSUKI
NI
NI
marina.

目次

※カット＝前枝麻里奈

ハジメ
マシテ
marina

I　ベストセラー誕生とその後

～強烈な個性と向かい合う日々

本章ではまず、『大往生』(一九九四年)の成立事情を素描します。永六輔さんの個性の強烈さは本づくりの場面でも、いかんなく発揮されました。彼の奔放で自在な発想力は、「紙上バラエティ」という新しいかたちを生み出していきます。そして、発売後ただちにベストセラーとなる過程を目の当たりにして、ここまで読者の支持を得た永さんの語りの魅力とは何か、そのありように思いを馳せていくことになりました。

続いて『二度目の大往生』(一九九五年)。意外に思われるかもしれませんが、『大往生』の大成功があったにもかかわらず、すぐに続編が企画されたわけではありません。それまでの岩波書店の新書編集作法とどう折り合いをつけるか、思い悩むタイムラグがありました。そしてわたしは、その過程があったからこそ、永さんの個性と岩波新書という「器」の特質がうまく響き合う関係になったのではないかと考えています。

1「これは僕の生き方講座です」『大往生』の本づくり

社員食堂での雑談がきっかけに

一九九二年五月のこと。当時、新書責任者だったSさんは、社員食堂でたまたま同席した同僚編集者Hさんと話が弾んだ。話題となったのは、前夜放送された筑紫哲也さんの番組「ニュース23」で永六輔さんが語った「明るい死に方講座」。「あの語りはいいね」と盛り上がり、Hさん「あれは本にすべきだよ。すぐ連絡して、執筆をお願いしたらどうか」。

わたしは残念なことに、この番組を見逃しています。どうやら、永さんは葬式や遺言、そしてお墓のことなど、暗くなりがちな話題を楽しそうにしゃべったらしく、筑紫さんはその傍らで笑いをこらえていたとか。いわく「〈縁起でもない〉と避けていてはダメ。ちゃんと向き合い、そこに含まれる不合理を改めるためにも、〈明るく〉語られるようになっていい」、そんな趣旨だったという。話を聞いて、わたしも「ぜひやるべし」と思う。追求に値するテーマであり、何より著者として永六輔さんが登場することが新鮮です。岩波新書に新風を吹き込むだろうという期待がある。もっとも、このときは自分が編集することになるとは思いもしませんから、外野の気楽な感想。

ともあれ、Hさんの言葉に背中を押されたSさんは「よし、トライしてみよう」と永さんに手紙を書く。これが『大往生』が世に出るきっかけとなりました。

「書くというのが苦手で」

あらためて思うに、最初に話題になったのが編集会議などではなく、社員食堂での雑談だったことは象徴的です。『大往生』は肩肘張らない闊達な語り口が評判になるわけですけれど、企画の発端もまた、裃を脱いだ昼食時の会話だったわけですから。

この社員食堂エピソード、永さんがおもしろがらないわけはない。『二度目の大往生』で、こんなふうに出てきます(「幕間――永さんと六輔さんの一人対談」。以下「一人対談」と略称」)。

永　たまたま、あの番組を見ていた岩波書店の方が社員食堂で話題にして、あなたに手紙を書いたということですよ。

六輔　いまの「社員食堂」ってところにリアリティがあっていいですね(笑)。

永　その手紙にあなたの返事は断っています。その理由は岩波新書に合わないいんじゃないかと……。

六輔　断りました。でも熱心でした。中山千夏さんの本『国会という所』〔一九八六年〕も私が担当した、というセリフで気が楽になって。だって、チナッチャンは友だちだから。

永　そうですね。あなたは人見知りするんですよね。

ここにあるように、Sさんの手紙を読んだ永さんは最初、葉書で断ってきました。もっとも断った理由は、この「一人対談」とは違います。文面はたった一言、「ありがとう。でも本を書くというのが苦手で……。ラジオ屋の永六輔」。この葉書、Sさんは大事に保存していて、あとでわたしも見せてもらいました。たしかにそう書いてある。

このあたり、すでに永さんの個性があらわれています。先に「岩波新書に合わないから」について言うと、この理由、あとから「つくった」という要素が濃厚です。そもそもあの人、「岩波新書に合わない」などという発想をするとは思えません。むしろ、『大往生』でミスマッチ性をさかんに言われたことを逆手にとり（当時、ヒットした理由として、「「お堅い」岩波新書と「タレント」永さんのミスマッチ」という意外性を指摘する声が多かった）、「人見知り」に繋げるお遊びととったほうが、永さんらしい。彼はいつも、話をおもしろくしようとする人だから。

さて、「書くというのが苦手」という理由。いったいどの口がそう言っているのか、と言いたいくらいです。「完全な書き下ろしは一冊も無い」とはご本人の弁ですけど、すでに何十冊にも及ぶ著書があり、実際、その後のお付き合いでも速筆ぶりはたっぷり味わうことになりました。もともと放送作家として名を成した人、「苦手」であるわけがありません。

思うに永さんという人、その瞬間の感覚で勝負する。結論が大事で、理由はどうでもいい。最初は多分、あまり意欲がわかなかった、あるいはこちらの本気度を試した、そんなところではなかったでしょうか。もっとも彼は「本当はどっち?」という問いがあまり意味を持たない人なので、これ以上の詮索はやめましょう。

ただ、当初「書くというのが苦手」を理由にしたことは、わたしにとって大きな意味を持ちました。この言葉ゆえに、参加するチャンスが生まれたのです。

初めてジァン・ジァンで会う

さて、やわらかな表現とはいえ、内容的にはお断りの返事をもらったわけで、ふつうはあきらめざるをえません。しかし、Sさんは粘った。断りの葉書の数日後、永さんから関係するシンポジウムの記録が提供されたことを多とし、その礼状のかたちで、再度アプローチする。書き下ろしが無理なら、しゃべりを文章化するかたちでもいいから、ぜひ実現したいと。Sさん「ともかく一度お会いして、あらためてお願いを申し述べたい」。永さん「では、渋谷ジァン・ジァンで会いましょう」。ジァン・ジァンは数々の前衛舞台で知られ、若手芸人の登竜門ともなった伝説的小劇場で、渋谷駅からＮＨＫに向かう上り坂の途中にありました(二〇〇〇年閉場)。この劇場の楽屋で初めてお会いすることになります。

このときなぜ、わたしが同道することになったか。そこに「書くというのが苦手」が関係してきます。まとまった書き下ろしではなく、話したことを文字化するかたちになりそうだ、というのがＳさんの判断。それでわたしが指名された。「君はしゃべりをもとに本をつくるのは得意だろう。手伝ってくれないか」。じつはわたしには新書編集部異動の翌年、沖縄反戦地主・阿波根昌鴻《あはごんしょうこう》さんの語りを本にしていた経験があります(『命こそ宝　沖縄反戦の心』一九九二年)。インタビューをもとに、語り下ろしを本にするのは、決して不得手ではない。わたし自身、永六輔という人に関心を抱いていたから、一度会ってみたいと思う。むろん、喜んで承知しました。

当日、のっけから引き込まれ、圧倒されましたよ。初めてお会いするんですから、まずはご挨拶したうえで自己紹介から始まるのが常道というもの。しかし、彼は名刺をチラッと見ただけでおしまい。名前を知ってくれたのかどうか、それさえ不安になるほどでした。そして前置き無しにすぐに語り出す。そもそもは「あらためてお願いに行く」という趣旨のはずなのに、永さんはもうすっかりその気になっていて、こんなプランはどうだ、こんな構成もあるよと、どんどん話が展開します。

これはすべて、楽屋での立ち話。座を定めてゆっくりと、なんて雰囲気ではまったく無い。このテンポの早さ、そして初対面にしてこのフランクさ。文字通り、目を白黒させたことを思いだします。その後の永さん像は、初対面の印象とさほど変わっていません。ともかく話が早い、そして自在な発想がどんどん飛び出す。

突然、原稿の束が来た

「書き下ろし」ではなく「語り下ろし」、その予想ゆえにわたしの出番となったわけで、永さんも最初、「そのかたちでいこう」と言う。では、語る時間をどう確保するか。どんなテンポで、どれくらいの頻度になるか。その日程調整のためにも、まず、構成イメージを固めなければなりません。ところが、何度お会いしても、その方向性が定まらない。

行くたびに話が違う。会った回数がそのまま、新しいアイデアの数といっていい。そのひとつで、いまでもよく覚えているのは「生前葬の活字化」というプラン。女優＝水の江滝子さんの生前葬というユニークな催しが話題を呼びますが（一九九三年二月、キャピトル東急ホテル）、この仕掛け人はほかならぬ永さん。彼は当日、司会をつとめています。「あれはおもしろかった。本の構成を葬式の進行に合わせてみようか。目次建てをたとえば〈読経〉〈弔話をもとにして構成案らしきものをつくったり、コメントを用意したりしても、意味をなしません。

編集の仕事とは、著者がやりたいことを理解し、それに即したもっともいいかたちを考えることです。いわば著者とキャッチボールをしながら、練り上げていく。ところが永さんは、こちらが受け取ったボールを投げ返すと、もうそこにはいない。はるか彼方で思わぬ方向に投げている。慌てて拾いに行くと、彼はすでに別のボールを手にしている。つまり、ふつうに考えるキャッチボールが成立しないのです。しかも直球ばかりじゃなく、しばしば変化球が交じるから、いよいよ捕球はむずかしい。わたしはなかば呆れつつ、しだいにこの関係をおもしろがるようになりました。なんせ相手は天下の才人＝永六輔、ぽんぽん飛び出すアイデアがどれも秀逸で、ボール拾いも苦にならない。ウン、こんな新しいかたちのキャッチボールも悪くないなと。

とはいえ仕事なのですから、楽しんでばかりもいられません。どこかでかたちにしなければならない。相談をはじめてから一年近くもたてば、さすがに気を揉みはじめる。そうしたら……　永さんが突然、原稿の束を抱えて来社されました。いわく「これでいく」。そして笑いながら付け加えたものです、「これでダメなら、他社に持っていく」。これが『大往生』

でした。
じつは予告らしきものがまったく無かったわけではありません。当時のメモを確認すると、「老後」「医療と病院」「死」という三部構成にして、それぞれに語録を配するというプランが出ていました（メモの日付は一九九三年七月）。つまり、「語り下ろし」方式ではなく、これまでにあるものをまとめるかたちに変更しようという。しかしその後、音沙汰ないままに時が過ぎて、いつしか秋風が吹いている。この案もまた立ち消えかなと思うのは人情というもの。そんなときでしたから、こちらからすれば「突然」という感覚になる。
ニコニコしている永さんの前で、慌てて原稿の束に見入ります。構成としては七月プランを踏襲していて、さらに発展させていました。それ以前に出た話もムダではなく、要素として入っています。たとえば生前葬エピソードなど、見事に組み込まれていました。これはいい、期待以上のものがある。いささか興奮しました。Sさんともども、「むろんやりますやらせていただきます」。

「唯一、プラスの言葉がある」

さて、ここまで行論の都合上、既定のものとして『大往生』というタイトルを用いてきましたが、原稿が届いた段階では、まだタイトルは決まっていません。これまでなかった性格の本で、語り口が魅力的なのだから、あまり硬くしたくない。少し洒落た題名にならないか。

　これを解決したのは、やはり永さんの閃きでした。印象的なシーンだったので、そのときの口調まではっきり覚えています。場所は神保町の喫茶店。Ｓさんと二人で待機しているところに永さんが満面の笑顔であらわれ、開口一番、「タイトルが決まったぞ」。そしていわく「大往生」。理由が振るっていました。本屋さんの書棚を見ていて気がついたと前置きして、世の中に三文字の書名は少ない、だから目立つ、したがって売れる、云々。一瞬アッケにとられ、大笑いしましたが、これは永さん一流のジョーク。彼はすぐに、「大往生」というタイトルのよさを語り出しました。

　世の中には「安楽死」「尊厳死」などという言葉がある。しかしあれは、実際は「安楽」でないから「尊厳」でないから、そうありたいという言葉で、マイナスを何とか減らそうという発想だ。唯一プラスの捉え方があり、それが「大往生」。「往《い》」って「生《い》」きるのだと。書名としてはあまりに異例、しかしそれゆえのインパクトが強烈。一瞬の逡巡があったものの、「これでいきましょう」。編集会議ではほぼ一決でした。

てんやわんやの編集作業

一般的にいって、原稿受領が編集製作作業のスタートとなります。じつは『大往生』は、結果として九冊になる永さんの新書では、まとまった原稿として受領した唯一のものでした。『二度目の大往生』以降、共同作業的要素が多々生じて、独特の本づくりになりますが、このときはオーソドックスな原稿受領からはじまっています。

しかしオーソドックスだったのはそこまで。どんどん新稿が加わって構成が動くのはまだしも、組み上がったものへの手入れが尋常でない。永さんは校正刷を文字通り真っ赤にしました。ほとんど毎頁に書き換えや書き加えがあり、入れ替えの指示が頻出する。これでは、せっかくできあがった組版《くみはん》がその用をなさないだけでなく、校正者の仕事も無駄になる。エエッ、ここまでやるの？　何度そう思ったことか。

通常の進行とは異なるだろうと覚悟はしていました。そもそも本のかたちがそれまでには無かった形式なのです。オーラルと活字の違いがあるとはいえ、発想としてはラジオ・バラエティと同じで、いわば「紙上バラエティ」。試行錯誤という要素があるから、組み上がったあともそれなりに動くだろうと予測している。とはいえ、それは程度問題、いずれ骨格が定まり、あとはブラッシュアップの作業が続くと思っています。ところが、そうではなかった。永さんは、当初原稿をもとに磨き上げていくなんてことはしない。それまでの積み重ねをあっさりくつがえし、平気で入れ替え、取り替えてしまう。そのときどきの閃きで約束事など吹っ飛ばす。躊躇《ちゅうちょ》したりしない。しかもそれがいつまでも続く。ここまでくると、従来の本づくりのルールからすれば逸脱と言われてもしょうがありません。

しかしわたしは、変えるたびにテンポがよくなり、おもしろくなっていることに舌を巻いていました。そうか、このスタイルが彼の本の魅力をつくり出すのかと納得する。彼の方法が積み重ねでなく閃きだとは、企画相談の段階で気づいていたことでしたが、このとき、発想だけでなく本づくりの過程においてもそうなのだと、ようやく理解したのです。

とはいえ、本づくりは製作者・校正者が加わるチームの仕事ですから、通常の仕事の流れにこのスタイルをあてはめるのは無理があり、軋轢《あつれき》が生じかねません。後知恵とはいえ、次作からひとつの工夫をほどこすことになります。当初原稿はそのまま組まず、わたしがすべてワープロ化したものを点検してもらい、それを大改訂してから入稿するという手順をとることにしました。これで少しはスムーズになったと思う。このときは最初の経験でしたから、まさにてんやわんやの進行でした。

かくして最終的に目次はこうなりました。

Ⅰ　老い「人間、今が一番若いんだよ」

Ⅱ　病い　「医者に文句をつけるのが大切なんです」
Ⅲ　死　「生まれてきたように死んでいきたい」
Ⅳ　仲間　「怖がらなくてもいいと言い」
Ⅴ　父　「死にたくはないけれど」

Ⅰ〜Ⅲ章は語録とそのコメント。Ⅳ〜Ⅴ章はエッセイや対談、シンポジウムの記録など組み合わせて、自由に書き綴って繋ぐ。

ここまで性格の違う文章が混在すると、「ごった煮」になりかねず、本としての統一感が失われるおそれがあります。しかし、それを毫《ごう》も感じさせないのは、さすが練達の放送作家であり、ラジオ・パーソナリティというべきでしょう。永六輔という個性で見事に筋を通している。

無名人語録をめぐって

『大往生』でもっとも評判になったのが語録＝無名人語録でした。本の構成上も、いわば「肝」になっています。その数、二〇〇近くに及びますが、その最初がこれ。

「人間、今が一番若いんだよ。明日より今日の方が若いんだから。いつだって、その人にとって今が一番若いんだよ」

老いを悔やむのではなく、プラス思考で考えようという知恵。ちょっとした逆転の発想で、響きが明るい。わたしも「なるほど、そのとおりだ」と膝を叩いたものです。章タイトル案はわたしにまかされていましたから、迷うことなくこれをとりあげました。この語録は書評で紹介されることが多く、わたし自身、複数の知人から「あれはいいね」という感想を聞いています。無名人語録の劈頭《へきとう》を飾るにふさわしい名文句でした。

ちなみにこの無名人語録、必ずしもこの本のためのオリジナルではありません。すでに発表されたものが相当数、下敷きになっています。雑誌『話の特集』連載として始まり、まとまったかたちとしては講談社から刊行されていました(『無名人名語録』『普通人名語録』『一般人名語録』。一九八七〜一九九〇年)。

発表当時から評判になっていたのは、いわゆる「名言集」ではなく、ときに首をかしげたくなる「迷言」まで含むバラエティだったこと。そして、どう読んでもいいよ、好きなように受け取ってくれという姿勢で貫かれていたことです。いわば、放り出したよさが魅力。その実績を背景に、ときに手を加え、ときに新稿を加えて、テーマに沿って再編成したのが

『大往生』の語録でした。

永さんの肉声がほしい

バラバラの語録をテーマに添って組み立て、何度も組み立て直す。筋を通そう、しかし筋を通しきってはかえってつまらない、意外な展開があってこそおもしろい。語録は何度も入れ替えられ、順序が変わりました。さきにふれた校正刷を真っ赤にしたエピソードはここに関わります。当初困惑していたわたしも、永さんの熱気を受けてしだいにのめりこみました。「これはこっちの方がいいんじゃないですか」「いや、それならここはこうしよう」。校正刷が赤くなるわけです。すべてが永さんだけのせいじゃない。

その編成作業のなかで、わたしはふと、彼の肉声がほしいと感じました。従来のおもしろさは大事にしたうえで、ときどき彼が顔を出したらどうか。いっぺんに読み続けやすくなるのではないか。これを思いついたとき、いささか興奮した覚えがあります。永さん「いいね、それ」。期待以上のコメントが付されて戻ってきました。その一例。

「百歳を越えてるおばあさんで、娘さんが老衰で亡くなったっていう人に会ったけど。……あるんだねェ、そういうこと」

☆かつて老衰といえば、長寿の果てにあることで、長寿の親が娘の老衰を見送るということはなかった。泉重千代さんも「百歳を過ぎて子供に死なれたのは辛かった」と言っている。その重千代さんが百十五歳の時に「どんな女性が好きですか」と聞かれて答えた言葉。「……年上の女」

語録じたいはとりたてて特徴あるものではないけれど、コメントが入ることで俄然精彩を放つ。最後の一句につい笑ってしまった人も多いのではないでしょうか。

このコメントがそうであるように、語録を直接解説するのではなく、「そういえば」といった雰囲気で話題を広げるパターンがけっこう多い。そしてこれもまた永さんの語りの魅力でした。

ともあれ、語録を紹介し、それにコメントを加えるのは、ラジオ放送の場面を彷彿とさせます。だから通読しやすい。読んでいて一息入れることにもつながる。わたしの編集作業にもし意味があったとするなら、コメントの提案だったといまも思います。

「生き方講座」を前面に

さて、本としてのかたちが整い、いよいよ発売を待つばかりになりました。宣伝活動がはじまり、どう押し出していくかが課題になります。従来の岩波新書とテイストが違うことはあきらかですから、その魅力を広く知らしめなければならない。どんなキャッチフレーズがいいか？

この『大往生』、発想の起点がテレビでしゃべった「明るい死に方講座」にあったように、暗くなりがちな「死」をもっと気楽に語ろう、ときには笑い飛ばしてみようというコンセプトで貫かれています。同時に、父＝永忠順《ちゅうじゅん》さん、長年の親友であるいずみたくさん中村八大さんを見送る心に沁みる文章が載っている。だから当初は「死に方」に関わる言い回しを考えていました。

しかし、発売寸前、「生き方」をこそ強調すべきではないかと思いつきます。これは発想の一八〇度転換のように見えるかもしれないけれど、そうではない。永さん自身、こんな語録を採用していたのです（「Ⅲ　死」）。

「死に方ってのは、
生き方です」

まさにそのとおり。「死に方」は「生き方」と同義なのです。永さんは「死」の哲学を語っているのではなく、「老い」や「病い」とどう付き合うかという「生」の知恵を語っている。そしてわたし自身、「どう生きるか」というメッセージに魅かれていました。読者にアピールすべきキーワードとして、「死に方」よりは「生き方」のほうが似つかわしい。

かくしてわたしは、本のオビの惹句を「これは僕の生き方講座です／永六輔」とすることを提案します。永さんは笑って了解してくれました。

じつは「生き方講座」としたことで、ちょっとひっかかっていた懸念も解決します。というのは、「死に方」が正面に出るのでは、やはり重苦しく受け取られるのではないかという心配がありました。タイトルとした「大往生」は本来、前向きの言葉ですが、ふつうには「死」一般を指すわけで、おもしろさが伝わる前に、縁起でもないと敬遠されるおそれがある。本の出来栄えは申し分なく、読みはじめれば引き込まれるに違いないのだから、「入口」での抵抗感を無くしたい。そんな意識も多少関係していました。

さて、準備は整った。読者はどう受けとめてくれるだろうか？

期待と不安のうちに発売日を迎えます。

2　「ラジオの力だと思いたい」　世を驚かせたミリオンセラー

前代未聞の爆発力

発売は一九九四年三月。当時、岩波新書は三万部前後の出品でスタートし、話題になるにしたがって部数を伸ばしていくのが通常のありよう。そして発売一年で一〇万部に届くなら大成功の部類に入る。わたしはひそかにその大台に乗せたいと願っていましたが、新しい性格の本だけに判断が難しい。営業部にも迷いがあったことは初刷部数設定からも明らかでした。三月は決算月だから、売上げを伸ばしたい一面、余計な在庫を持ちたくない時期。とりあえずは通常部数とし(三万五〇〇〇部)、発売前の好反応を受けて若干上乗せするレベルで発売日を迎えます。

ふたを開けて驚きました。なんと発売一週間あまりで一〇万部を実現してしまうのです。五月はじめに二〇万部に達したかと思うと、その月の終わりには四〇万部を突破する勢い。アレヨアレヨという間に、七月はじめに七〇万部を超えます。増刷が入荷するやいなや、ただちに売り切れて、注文に応じきれない状況が続きました。こうなると嬉しい悲鳴という域を超え、もはや右往左往といっていい事態です。そして九月になってついに一〇〇万部に届く。つまり半年でミリオンを達成するというすさまじい爆発力を発揮したのです。

出だしの好調さもさることながら、どんどん加速していったには本当にびっくりしました。新聞各紙に宣伝広告こそ打ったものの、それ以上の仕掛けなど何もしていない。それなのに、落ち着くかと見えた瞬間に何かしら話題が生まれ、それが見事な「鞭」として機能し、再加速するのです。さまざまな動力がこれ以上ない絶妙のタイミングで働き、足し算ではなく掛け算で伸びていく。

ベストセラー化するメカニズムはまことに摩訶不思議。すべてがいいほうに転び、ときに失態までが推進力に転化しました。たとえば、いま言ったように、肝心なときに増刷が間に合っていません。わたしはこのとき、せっかく売れているのに売り逃すのかとやきもきしたものですが、そんな危惧などやすやすと吹っ飛ばす。結果としてハングリー・マーケットをつくりだすことになり、週刊誌などメディアで、「手に入れるのが難しい」「それほどにも売れている」と話題になったからです。まことに効果的な宣伝になって、読者の購入意欲をいよいよ強くする方向に働く。まさに「はからずも」であり、こんなことは計算してできることではありません。

次のエピソードもまた、意図せざる「鞭」として働いた一例でしょう。

テレビ番組での退場劇

永さんがあるテレビ・ワイドショーに出演したときのこと（六月六日放映）。

彼から「この出演は本の宣伝が目的ではない」と聞いていましたけれど、それでもテーマは共通するものがあるのだから、観ておかなければならない。このワイドショーは午後の放送なので、わたしは会社でテレビに見入ります。にこやかに始まるかと思えた直後、雰囲気が一変しました。永さんは「話が違う。そういうことならぼくは帰る」と席を蹴立てて退席してしまったのです。いったい何が起きたのか？　あとになって事情を知りました。

どうやら当日の新聞テレビ欄に載った番組タイトルに怒ったらしい。「アナタもできる大往生・永六輔が死に方教えます」。彼はもともと、当時のテレビ番組のありように批判的で、自分が納得するいくつかの番組を除いて、ほとんど出演していません。今回は人の生や死について語り合うという趣旨だったから出演を了承したのに、これでは約束が違う、あたかも自著の宣伝のためのようで、そもそも「死に方教えます」などという軽薄で思い上がった発想が許せない、と。出演じたいが消えそうになって、慌てた放送局は、番組冒頭で事情説明し、タイトルが趣旨と違ったことをお詫びして訂正すると申し入れ、永さんは承諾した。

ところが番組はふつうに始まって、冒頭のおことわりがない。それが怒った原因であり、退席の理由。どうやらコーナーが始まったところで事情説明するつもりだったらしく、キャスターがそう釈明したけれど、永さん「冒頭とは番組開始のときを言うのだ。途中は冒頭とは言わない」。退席直後、出演者のおすぎさんいわく「永さんの言うことは正しいよ」。

これが永さんだとあらためて思ったものです。彼は相手が約束を守らなかったとき、とても厳しい。ライブ番組だったから、フォローが大変だったろうと同情しますが、責任は約束を守らなかったほうにある。

それはそれとして、このテレビ番組退場劇も、永さんの真意と関係なく、ベストセラーづくりに寄与する結果になりました。というのは、翌日のスポーツ新聞の文化面に「永六輔さん怒る!!　番組途中で退席」なんて大見出しが躍り、記事のなかでは当然『大往生』に触れることになって、それまで気づいていなかったかもしれない読者層へのアピールになるのですから。

ミスマッチの意外性が強調される

それにしてもなぜ、こんなに売れるのか？　何が起動力となったのか？　当初、メディアがこぞって強調したのは意外性でした。「お堅い」岩波新書と「タレント」永六輔さんとはミスマッチであり、その話題性が功を奏した、云々。永さん自身がそんな報道をおもしろがり、みずからミスマッチを強調して、「岩波新書に初めて爆笑部門をつくった」などと言ったりしたものです。メディアの論調は一時期、そこに集中した観があり、出版界でもそう受け取られるのがもっぱらでした。

これには理由があります。当時、岩波新書の普及力は頭抜けており、すでに厚い読者層がありました。そして、学術・教養を中心に据えるという叢書イメージが確立しています。そこにそれまでとはまったく違うテイストのものが持ち込まれたわけで、読者が驚くのは、ある意味当然です。おもしろがる人もいれば、困惑し反発する人もいる。いずれであるにせよ、ともかく興味津々で注目する。そうした話題性が大きなインパクトになった、と解釈されたわけです。

少しあとになりますが、『大往生』の余韻さめやらぬ一九九五年一〇月、朝日新聞が読書週間特集で座談会を組んだことがあり(「現代の「売れる」本/誕生の背景を読む」)、その席でも「岩波新書ゆえの強み」という発言を聞いています。幻冬舎＝見城徹さん「今まで「殿堂」のようにあった岩波新書というメディアを、大衆的に顔の売れている人に渡すというのは、それだけでもうベストセラーが半分できているようなものですよ」、文藝春秋＝松浦伶さん「僕らの固定観念からすると、岩波新書と永さんはミスマッチですよね。でも、それが成功した」。

たしかに、新書の普及力を前提に、意外性というインパクトが起動力の一部を構成したのは事実でしょう。そのかぎりではわたしも同感。ただ、これはあくまでごく初期の話です。その後の推移をみるならば、従来の読者層を超えて、それまで岩波新書に親しんでいなかった人たちにまで届いたのは明らか。ミスマッチなどという話題性はいわば基礎票の掘り起こしに関係することで、それ以上のものではない。

では、永さんご自身はどう考えていたのか？

ラジオを起点とした口コミゆえに

『大往生』は刊行して一年あまりで、二〇〇万部に達しました。それを受けて、彼はこんなふうに書いています（「一人対談」）。

永　自分では『大往生』が売れたことについて、どう分析していますか。

六輔　「誰かとどこかで」というラジオ放送が三十年続いているけど、これは旅先で逢った人の話をするわけで、ここで名文句というか、印象に残ったことばを紹介してきたわけです。

それを、廃刊になった『話の特集』に「無名人名語録」として連載してきたこともあるでしょう。
ラジオ番組は間もなく八千回を越しますけれど、そのなかから、「生」「老」「病」「死」のことばをまとめたので、ラジオタレントとしては、ラジオの力だと思いたいですね。
事実、反響のお手紙が放送局によく届きました。
ラジオと出版というメディアが重なり、それが社会現象というか、流行語にまでなったと思います。もちろん、岩波新書という固い読者層があってのことです。新進党の創価学会票みたいなもので(笑)。

永　最後の一言が余計なんです。

……………

永　「岩波新書」「永六輔」「大往生」という、三題噺のようなミスマッチも原因のひとつかもしれませんね。

六輔　出版でも、映画でも、歌でも、ヒットした理由を分析しても意味がありません。分析できるなら、ヒットは計算して出せるはずですから。

いまとなっては「新進党」がわかりにくいけれど(非自民非共産を標榜した政党。一九九四〜一九九七年)、それはともかく、この「分析」はなかなか興味深い。

「固い読者層」が前提としてあることはしっかり記されていて、「ヒットした理由を分析しても意味がありません」なる警句にはなるほどと思わされますが、ここで注目すべきは彼が「ラジオの力」を正面に出していることでしょう。そしてわたしもこの分析に納得します。ラジオを媒介項にすることで、初めて腑に落ちることがとても多いからでした。

じつは彼は、かなり早いうちから、ラジオの果たした役割が大きいことをコメントしていました。「僕の守備範囲はラジオを聞いていてくれる主婦」なのだと言い、「本当に口コミで広がってきたんです」と語っている（『毎日新聞』インタビュー。一九九四年六月二三日夕刊）。つまり、ラジオを起点とした口コミの広がりが原動力になっているという。むろん、ベストセラーになるにはさまざまな要因が絡み合い、相乗効果あってこそですから、ここまでの広がりをそれだけで説明することはできません。しかし、一貫して深部で支え続けたのは、ラジオであり、口コミである――そう考えると、従来の読者層だけでない広がりとなったことがよくわかります。実際、中高年の女性層からここまで支持を得たのは、岩波新書始まって以来と言っていいくらいでした。

それを裏付けると思われるのが刊行後の読者からの手紙です。永さんは放送局宛ての手紙の多さに触れていますが、岩波書店編集部気付で届く手紙もまた膨大でした、刊行半年あまりで二〇〇〇～三〇〇〇通に及んだでしょうか。その大半が女性だったのです。また、地域の読書サークル関係者からの手紙がいくつも届き、同封された感想文の執筆者の多くは女性でした。

読者との回路

なお、このとき見逃してはいけないことがある。次々に届けられる読者からの手紙に対して、永さんは必ず返事を書いていたことです。

これは彼にとって、自分を律する規範であり、信条でした。『大往生』ではこんなふうに言及している。父＝永忠順さんの生き方に学び、「手紙の返事も書けない忙しさは、人間として恥ずかしい」という躾で育った、云々。そして、年間三万通を超える投書のすべてに返事を書いて倒れたことすらある、と続けていました（「Ⅴ　父」）。

読者からこれほど数多くの熱烈な手紙が寄せられるのは異例ですが、それ以上に異例だったのは、返事をもらって感激したという、再度ないし再々度の手紙がいくつも届いたこと。つまりこの本、著者＝永六輔と読者との間に回路ができていました。それこそが特筆されるべきことで、その後もずっと続く関係になります。口コミで広がっていくには、永さんのこうした姿勢があったことを忘れてはならない。

それにしても、「返事を必ず書く」とは「言うは易く行なうに難い」典型でしょう。それを永さんは貫き、読者の信頼をかちえました。

「母が初めて読み通した新書です」

いまも記憶に残る印象的な出来事があります。ともに、それまで岩波新書に馴染んでいなかった人たちにまでしっかり届いたことを示すエピソード。

ひとつは、雑誌『ダ・ヴィンチ』に載った読者の手紙。同誌が『大往生』の読者アンケート特集を組んだことがあり、数多くの感想文が掲載されたのですが、そのなかにこんな一言がありました。いわく「母が初めて読み通した新書です」。これは本当に嬉しい言葉で、まさにわが意を得たり。わたしは内心、拍手喝采したものです。

そしていまひとつ。増刷が間に合わず、品切れが続いていた六月のある日、茨城の読者の方からこんなお問い合わせがありました。「母の葬儀に参列してくれた方々に、香典返しとして『大往生』を送りたい、在庫はないだろうか」。そのお母さん、亡くなる前に『大往生』を楽しんでくださったそうな。「あんなに嬉しそうに本を読んだ母は初めてだった」云々。ニコニコして逝った母のために、母が喜んだ本で参列者にお礼をしたいのだと。この話にはみな感動しました。しかし、肝心の本が無い。事柄が事柄だけに増刷を待ってくださいというわけにはいきません。必要部数はたしか二〇〇部、営業部の努力で必死にかき集め、間に合わせたはずです。これほど編集者冥利に尽きる話もなく、むろん永さんにもお伝えしました。

こうした事例に接するにつれ、つくづく思います。永さんが編み出した「ラジオ本」という手法が「読みやすさ」をもたらし、「知恵」こそが大事というメッセージが大きな共感を呼んだのだと。『大往生』の読者層は幅広く、さまざまな方々がそれぞれの問題関心に応じて、いろいろな読み方をしたはずですから、一般化することはできませんけれど、わたしは当時もいまも、この本が果たした功績の最大はご老人に元気を与えたことだと信じて疑いません。世の中の進歩のスピードが早すぎて、ご老人たちが自信を失い、居場所を見失いがちになっている。そのとき永さんは、ネット社会とかなんとかはどうでもいい、いちばん大事なのは長く生きてきたあなたたちの「知恵」なのだというメッセージを送った。いわば、実直に人生を歩んできた人たちへ送るエール。だからこそ、みなさんが「自分の本」と思ってくださった。

こと『大往生』をめぐる話になると、どうしても読者数の多さに目を奪われるけれども、ここまで深く読み込まれ、共感を得ていることこそ重要です。だからこそ、爆発的に売れたベストセラー時期を過ぎたいまも、着実に読み継がれている。あらためて、『大往生』という本の力こそが起点であり帰結点であると実感したことでした。

読者と同じ目の高さで語る

さて、編集者として本が売れることは嬉しいことであり、ベストセラーともなれば気分も高揚します。だがそれはそれ。編集者がつかむべきことは、その本で得た教訓とは何であったか、そして続くものは何かです。『大往生』がミリオンに達したあと、わたしは取材メディアに対する回答として長い手紙を書いたことがあり、そこではこう結んでいました(一九九四年一〇月付)。

永さんの本がなぜ売れたか、ということは、さまざまな要素が入っているので簡単ではないと思うけれど、仮にメカニズムがうまくはたらかず、これほどのベストセラーにならなかったとしても、しかし、売れ行きがよかったであろうことは確信しています。決してバブル的現象ではない。
というのは、いま求められているものが、高みからの解説や知識ではなく、知恵というか、人間としてのメッセージということではないかと思うからです。その意味で、この本はまさに読者の求めているものだった。読者と同じ目の高さで、平易なわかりやすいことばで語るというのは、じつはもっともむずかしいことです。今後の新書の課題として、そういう言葉をもっている人、そういう人たちを著者のネットワークとして広げていってみたいと思う。新書の新しい可能性を開いた、それこそを『大往生』の最大の教訓としたい、そう思っています。

ここでいう「新しい可能性」は新書の果たすべき役割まで話を広げていて、こと永さんに限ってはいません。とはいえ、何より彼の次の仕事に続けたいという意識があったことはもちろんです。

しかし、それはすぐにはかたちになりませんでした。意外な展開のなかで思い悩む過程をへて、ようやく二冊目が実現していくことになります。

3　「腰は重い。動き出したら止まらない」　なぜ続編に手間取ったか

思いがけない提案に戸惑う

続編の話が出たのは一九九四年の夏の終わりか秋のはじめ、『大往生』のミリオン突破が話題になった時期です。永さんが来社し、こんな提案をされた。タイトルは「大往生その後」。『大往生』がなぜ売れたか、ベストセラー誕生物語がその内容だという。「本に限らず、音楽や映画まで話題は広げられるよ」云々。

永さんの二冊目は追求すべきと確信しています。じつはわたしには、永さんに書いてほしいと思うテーマが別にあり（これはⅣ章でふれます）、その準備にかかっていましたが、まだ茫漠《ぼうばく》たる星雲状態、かたちをなしていません。つまりこのとき、岩波の方には二冊目のプランが不在でした。そのとき、ご自身が言い出してくれたわけで、「渡りに船」というべきありがたい話です。タイトルは申し分ありません。響きがよく、インパクトがある。しかし、このテーマではどんなものだろう？　自社の本がどう売れたかを主題とする本がありうるのか？　これにつまずき、せっかく提案いただいたのに即答できず、いったん保留します。

このとき同席したのは、『大往生』発案者である編集者Sさん。あとで感想を訊くと、「こ

れはさすがにどうかなあ。成功したことを自慢するようで、ちょっと恥ずかしい」。念のために訊いた営業部責任者も「売れるかどうかという以前に、テーマとして無理がある」という。ともにもっともな意見で、そのかぎりにおいてはわたしも同感。しかし、永さんの奔放な発想力に魅力を感じていましたから、せっかくのチャンスを逃したくない。ともあれトライしてみるということは考えられないか？　心の中で針が何度も振れました。しかし、従来の岩波新書の編集方針ではあまりにも異例という以上に、衝撃的ともいえる成果をあげた『大往生』の後継企画としてふさわしいテーマかどうか、という疑念が払拭しきれません。

結局、このテーマでは厳しいと判断せざるをえず、「残念ながら」とお返事することになります。永さん「もちろん、やれといっているわけではない。じつは義理がある小さな出版社で出したいと思ったのだが、いちおう、先に岩波に声をかけるのが筋だと思ったから提案したまで。気にしないでくれ」。それでこの話は立ち消えになりました。わたしはこのとき、「まだ時間はあります。しかるべきテーマを考え、ゆっくり相談しましょう」と付言したはずですが、永さんは聞いていたかどうか。

「大往生その後」の衝撃

そしてしばらくして、『週刊朝日』で同題名の連載が始まります。これを見て仰天しました。媒体が『週刊朝日』とは思わなかったこともさることながら、最大の驚きはその内容です。

中身は『大往生』の発展形態というべきもので、ベストセラー誕生物語などではありません。それどころか、次作テーマとしてぼんやり考えていた話題まで(たとえば「庶民として歴史をどう見るか」といった視点)、続々登場してくる。Sさんは苦笑しつつ、「こういう内容ならぜひやりたかった、話が違うなァ」。わたしもまた、ほぞをかむ思い。

もっとも、よく考えれば、これはいささか筋違いの感想でした。どうやら『週刊朝日』としては、かねてから永さんの連載エッセイを考えていて、相談を重ねていたらしい。それが実現したということであって、事柄の本質としては別ルートの話。そもそも永さんがこちらに持ち込んだのはアイデアだけで、準備した原稿があったわけではない。つまり、タイトルを転用しただけであって、岩波に断られたから朝日に、という流れではありません。とはいえ、彼の提案をどうするかと悩み抜いた直後のことであり、しかもタイトルが同じですから、瞬間、頭に血が昇って、「やられた」という感覚になるのはやむをえないというものでしょう。

そしてわたしはつくづく反省します。どうすればよかったか、どういう姿勢であるべきだったか、あとになって覚書をまとめることになるので、そのいちいちはあらためて触れます。ともあれ、当時はまだ渦中、立ちどまっているわけにはいかない。「大往生その後」の連載が始まってしまったあと、次作はありうるのか？　どんな本なら可能なのか？

すでに企画立案のハードルは高くなってしまっています。いかに「不幸なすれちがい」といった要素があったにせよ、著者の提案を断ったわけですから、あだやおろそかな提案などできるはずもない。「なるほど、それならおもしろい」と思わせるプラスアルファが必要です。『大往生』が売れまくって、ミリオンどころか二〇〇万部に達するという勢いを横目で見ながら、さすがに焦りました。思い悩むうちに、アッという間に半年あまりが過ぎます。

ヒントをくれたのは、やはり永さんでした。彼の講演を聴いているなかで、ある閃きを得たのです。「これならどうか」という提案が生まれたのは一九九五年春のこと。

講演の魅力に思いあたる

永さんは何度もご自身の講演に招待してくれました。わたしも新聞の催し欄にお知らせを見つけては聴きに行く。笑いが渦巻く会場で、彼の講演を堪能しつつ、あるときふと、この魅力を軸に構成できるのではないかと思いあたります。

そうなると、さまざまなプランが浮かんできました。『大往生』は断片のよさです。しかし、これを読んだ人はさらにもっとまとまったことを読みたいに違いない。『大往生』では他人がしゃべった語録を正面に据えたけれども、講演主体なら永さん自身が自分の言葉として語り出すことになる。『大往生』のコンセプトが「死というものを一度笑い飛ばしてみよう」ならば、今回の設定は「生きることをもっとおもしろがってみよう」。それなら『大往生』の後継企画というにふさわしい個性的な本になるのではないか。

多少興奮してSさんに話すと、彼も講演の魅力に惹かれたという。それで長い手紙を書きました。紙上講演を中核とし、ここでたっぷり語っていただく、むろん『大往生』同様、パーソナリティ＝永さんがまとまりをつくるバラエティの魅力は大事にし、対談その他を自由に挿入するかたちは変えない、語録はあるいはサブ扱いでもいいか、云々。

お会いしてあらためて趣旨を説明し、ご相談します。じつはこのとき、永さんはいまひとつ確信があるようには見えませんでした。いささか半信半疑の体だったかもしれない。ともあれ、それなら材料として講演のテープを提供しよう、ホントにやれるかどうか検討してみてくれという。

このとき、こんな話が出ています。『大往生』はヒトの病気・死の話だったのだから、今度はモノの死というコンセプトはどうか。世の中から失われていくものを考える、つまりモノの大往生。たとえば方言、たとえば自転車。彼の座談はホントにおもしろい。話はどんどん広がり、わたしは慌ててメモをとったものでした。

叩き台づくりに苦吟

こうしてわたしの作業がはじまります。まず、送られてくるテープはすべて速記に起こしました。それを机上に並べて見つめつつ、どんな構成がありうるか、叩き台らしきものを考える。まだやれるかどうか、わからないという状況ですから、検討材料が揃わなければ何も始まりません。早めにイメージを固めたいと気がせきます。

このとき、急ぎたいという事情が別の面からも生じました。中島啓江《けいこ》さんの歌う『生きるものの歌』がCD化されることになったことです。永六輔＋中村八大コンビの最後の曲で、『大往生』の結びとして歌詞全文を掲載していました。この発売が一〇月。いっしょに出せないかという期待が生ずるのは当然です。たしかに相乗効果は大きい。しかし、まだ下作業の段階で、ふつうは無理というもの。永さんがそんなペースを了承されるだろうか？

ただ、永さんはつねづね、ラジオ・テレビの締切はテンポが早いものであり、むしろ予定が間近である方が原稿執筆のスケジュールがはっきりして好都合だといっていました。それを信ずるならば、こちらが準備できるものはすべて準備するという前提で、彼に本気になってもらえるなら可能かもしれない。こうなると、いよいよ急ぐ必要が生じます。

ところが作業がすすむにつれ、講演中心に構成するというのは、だんだんむずかしくみえてきました。一回一回の講演は聴衆の関心に合わせて、ご当地に即した話や主催団体に関わる話をうまく紡いでいるわけですが、取りあげる話題は当然ながら相当に重複する。しかも、紡ぎ方が巧みなだけに、一つひとつの話題を切り離すのは難しい。流れるがごとく次の話題を引き出していて、どれを外して重複を防ぐというのは、ほとんど不可能に思えてきました。少し古い講演の記録は時期が遠いだけに話題の重複が少ないけれど、決して数は多くない。

苦吟するなかで思いついたのが、「永六輔語録」です。永さんの言葉を出し、それに長いコメントをつけるかたち。これなら、講演そのままという重複感はかなり救えるし、方法としても特徴あるものにできそうだ。「無名人語録」が断片で構成する方法だったのに対して、「永六輔語録」は少し長めの断片、つまり断章の連続ということになる。これなら、新しい魅力につながるのではないか。つまり何本かの講演を核として、「永六輔語録」を配置する、それならどうか。

かくして講演からいろいろ抜き出し、ワープロに打ち込む作業に取り組みます。とりあえず四〇〇字詰原稿でほぼ四〇枚分が完成、これをもとに仮目次をつくって、永さんに送る。ようやく展望がひらけたように思いました。

ここまでくれば永さんの了解を得て正式に企画決定し、執筆にとりかかってもらう必要があります。その相談のためにお会いしたのは八月一日。この日付ははっきり覚えています。この日の出来事は忘れがたい経験になったからでした。

コンセプトをひっくり返す

さて当日、ぎりぎりセーフとはいえ、準備すべきものは揃っていました。いただいた講演テープはすでに、すべて速記録として起こされています。「永語録」案の編成もだいぶ進んで、まだ「案」とはいえ、ワープロ文書になっている。永さん、苦笑していわく、「こういうのが出てくると、ホントにやるのかという気分になるな」。

そしてそのあと、驚くべき展開になります。彼は、わたしがそれなりにかたちにしていたコンセプトを完全にひっくり返したのです。いわく、書名にふさわしく(『二度目の大往生』というタイトルはすでに決まっていました)、『大往生』の路線を踏襲する。語録はもっと拡充し(当初案ではむしろ控えめでいいという発想でした)、講演は「宗教」について語る一本に絞り、それを今度の本の目玉にする。モノの生と死とか、人生を楽しむとか遊ぶとか、そうした側面はすべてカット。つまり、バラエティとして用意したこの間の講演速記はすべて捨てるという。その理由について、彼は冗談めかしてこう言いました。「二冊目をつくらないと言ったのに「そんなことは言っていないが」、つくることになったんだから、三冊目の準備もあわせて考えるべきだ。三冊目の材料となるものは使わない」。

一瞬、呆然としました。すでに『大往生』の経験がありましたから、ある程度、プロットの変更があるだろうと予想しています。しかし、ここまで根本的に変えてしまうんですか！　もともとわたしの作業は、永さんの了解の上で、その意向に沿ったかたちで考えてきたものです（講演の活字化というかたちこそこちらの提案だったとはいえ）。そして何度も手紙を送り、叩き台として案を示し、原稿例まで準備してきたという経過でした。いかに「閃き」の人とはいえ、こうあっさり「積み重ね」を覆されたのでは、さすがに呆然です。しかし、虚心にみるなら、たしかにこのコンセプトのほうがおもしろそうで、かつすっきりしています。

意表をつかれてうろたえたあと、わたしは感動していました。これは永さんの覚悟を示すものだったからです。すでに、二冊目をつくるなら中島啓江さん『生きるものの歌』ＣＤ発売に合わせようという意識が共有されていて、刊行まで二か月余りしか無い。このままの進行でも相当なハイペースになることがはっきりしているのに、ここでいったんご破算にするということは、永さんの作業量がとてつもないものになるおそれがあります。「これでいく」と自信をもって宣言したのは『大往生』のときと同じですが、条件の厳しさがまるで違っていました。彼はそれをやる、厳しい日程を引き受けると言ってくれたのです。ちなみにこの本で唯一、まとまった講演録になる「宗教の話」はまだできていません。八月一〇日群馬県藤岡市で予定されている「ふじおか・おすたか・ふれあいの会」の講演をあてるつもりだという。

彼が「三冊目の材料は今回は使わない」と笑いながら言ったのは、わたしがあまりにびっくりした顔をしたからでしょうか。「そんなに緊張しなくていい、肩の力を抜きなよ」という彼なりの気遣いであったかと、いまにして思います（ちなみに「永語録」は、彼の新構想のなかで適宜採用、配置されます）。

このとき、初めて『二度目の大往生』の本づくりが緒につきました。

「編集始末記」を書く

こうした経過をへて、『二度目の大往生』編集作業が始まりますが、八月一日の打ち合わせのあと、わたしは仕事の合間をぬって、自分自身のための「覚書」を書きました。わたしはしばしば、担当した本の経験を私家版文書として文字化していますけれど、編集途中で書いたのはこれが初めてです。臨場感あるうちに、この間の出来事を自分なりに整理しておきたいという、やむにやまれぬ思いがありました。

ちなみに、その覚書のタイトルは「『二度目の大往生』編集始末記」。まだ本づくりが始まったばかりで、これからいよいよ本格化するというときに「始末」と題するのはおかしいけれど、わたしのなかではぴったりした言葉でした。思い悩んだ日々が終わり、すっきりした気持ちで企画に向かい合えたわけですから。

これまで書いたことと重複するところがあり、いささかくどくなりますが、当時の正直な気持ちなので、その一部を載録します。当初案を断り、『週刊朝日』に連載が始まったときについて、こんなふうにまとめていました。

まさに後知恵であったが、このとき、いろいろ反省した。何よりまず反省したのは、編集者として、永さんの個性をつかんでいなかったことである。『大往生』編集過程でうすうす感じていたはずであったが、自覚化されていなかった。ふつう、本をつくるときは、企画イメージを固める。できれば予定目次までつくる。だが、それは著者が自分の書きたいことをしっかりつかんでいるときの話だ。永さんはそうではなかった。企画を決めたあと、そのときどきの「気分(?)」、といって悪ければ「思い」で自由に展開していく。おそらくご本人も結果としてどんなかたちになるのか、予想できない。多分、そうなのである。

だから、ともかく二冊目を決めておけばよかったのである。内容はあとで考えればいいことだった。

こちらとしては、「扱うテーマがどうもうまくないので、それはダメ、しかし、別のテーマならば」という対応をしたのであったけれども、永さんからすれば「岩波は二冊目を出す気がない」、そう受け取ったわけだ。「大往生その後」を見たとき、こちらは話が違うと思ったけれども、永さんからすれば心外だろう。

今度の『二度目の大往生』刊行について、永さんは各地の講演のなかで、「岩波は一度断った二冊目をやっぱりつくれといっていて、チョットだらしない」とからかっている。宣伝効果もあるわけだから、永さんもそのあたり計算してしゃべってくれているのだろうと思うが、それでも本気の部分はあるんだろうと思う。永さんとしては、岩波が急に態度を変えたと受け取っているところが、多分ある。

つまり、永さんはいままで岩波がつきあってきた著者とは異質なのだ。本づくりの考え方が違っているのである。また、永さんからすれば、それまでつきあってきた出版社とは肌合いが違うな、と思ったことだろう。テンポがのろい、腰が重い。これについては言い訳がないわけじゃない。「二冊目もよろしく」では何とも芸がないし、編集者たるもの、コレッというものをつかんで提案したい、また、それが全力投球してくれた著者に対する礼儀と心得ていたからである。だが、他の仕事もかかえてのことだから、どうしても時間をくう。だから、ヨシッ、二冊目もやるか！　という気になった永さんとのテンポがずれた。そのことは否めまい。

著者の個性をもっときちんとつかんでおくべきだったのである。新しいタイプの著者であり、いままでとは違う本づくりになることを、もっと早くに自覚しておくべきだったのだ。提案すべき内容ができていないために、二冊目を言い出せなかったとき、永さん自身が話を持ち込んでくれたのである。絶好のチャンスであった。たしかに、永さんのいわれた通りの内容では本にするのは無理だったろう。だが、永さんの言なのである。一言一句にこだわるのではなく、永さんの個性を考えて判断すべきことだったのだ。そんなことは、『大往生』の編集過程を経験したものとして当然気づいているべきことであり、不明を恥じるのみだ。


そして八月の打ち合わせをへて、新しい構成になったときのこと。

八月一日の会によって、それまでの作業の大半は烏有《うゆう》に帰した。ではまったくムダであったか？　そうではない。最大の功績(?)は、これでは気に入らないという案をつくったことで、本気にさせたということである。実際、永さんがつくった案の方が数段おもしろい。

これは同時に、永さんが無理をしてくれるということである。一〇月刊行というのは、こちらがかなり材料を用意するからということで、曲げて承知してもらったのであって、まったくつくり直すというなら、時間はホントに厳しいのである。それを引き受ける、と永さんは言って下さったのだ。

今度は、永さんの新しいプランにのって、ああでもないこうでもないという材料をつくっていくことになるだろう。すでにいくつか、つくって送った。時間があれば永さんにおまかせするのだが、しかし、それがない。したがって、それじゃダメだよ、という案をつくって、永さんに直してもらうのだ。そのくらいの協力(?)はしなければ永さんに申し訳ない。

永さんも多分苦笑している。「幕間——永さんと六輔さんの一人対談」について感想を送ったら、全面的につくり直してきた。そのなかにこんな一句。「岩波の社員はつきあうだけで疲れるよ。人が書いた原稿より多い枚数の感想が返ってくるんだから」。光栄に思っている。

ちなみにこの「一人対談」には大笑いした。これは『大往生』がなぜ売れたのかという永さんの分析で、つまり最初に彼が提案してきた「大往生その後」のコンセプトなのである！　ベストセラー物語ではさすがにまずいといって断ったのに、二冊目をつくるといったらちゃんと復活させた。この人は結局、自分がやりたいことをやるのだ。この個性の強さには恐れ入る。

このあと永さんの大奮闘によって、『二度目の大往生』は予定通り刊行され、ふたたび熱狂的に迎えられます。初日出品三五万部は空前絶後であり、その後部数を伸ばして六〇万部を超えました(二二刷。二〇一八年一二月現在)。

永さんに「覚書」を送った理由

わたしはこの覚書を書くなかで自分自身納得し、すっきりした気分で永さんの企画に臨む姿勢が定まります。しかし、永さんはまだ岩波に対する不審の念がとけていないように感じられました。それはまず、あとがきにあらわれます。

出だしが不思議でした。「先代の桂三木助師匠は、病床で「今から死ぬ」と何度も仲間を招び集めていた。その日に死ねないと、「恥ずかしい」といいながら解散。それを繰り返しているあいだに亡くなった」。そして、この気持ちはよくわかると言い、『二度目の大往生』も同じように恥ずかしいと続く。なぜか？「最初から二冊目も出そうと思っていたのなら、予定の行動だから、恥ずかしいことはない」。そうではなくて、「なんとなく」二冊目を出すことになってしまったのが恥ずかしいのだと。そのうえでこう結ぶ。

原稿や講演の材料はある。
当然、読者や書店からの続編についての問い合わせも多い。
だったら二冊目を……。
はっきりいって、こういう時の岩波書店の腰は重い。
重いかわりに動き出すと止まらない。
僕が出版社だったら、去年のうちに二冊目は出して、そろそろ三冊目の時期である。
でも三冊出したら、もっと恥ずかしいだろう。
もう「三度目の大往生」とはいえない。

彼はやはり、すぐに二冊目を企画しない岩波書店の姿勢を訝しく思っていたのです。
そして刊行してすぐ、『週刊朝日』連載中の「大往生その後」で、この本についてふれる文章が載ります(「主題歌のある出版物の余話」一九九五年一一月三日号)。『二度目の大往生』と中島啓江さんが歌う『生きるものの歌』が同日発売になったことからはじめて(「出版物に主題歌があるのは珍しい」云々)、メディアのありようを語っている。

放送の人間は時として数千万人を相手にしてしまう。

人気のあるテレビに出ると、街を歩いていても「見ました」という声をかけられるが、週刊朝日の連載に「読みました」と声がかかることはない。

放送と比較すると、岩波新書や週刊朝日をマスコミとは思えないことがある。

活字時代はマスコミであっても、映像時代はミニコミでいいと思う。

これは放送人の思い上がりだが、事実でもある。


…………


どこまでがマスコミで、どこからがミニコミなのかは知らないが、ミニコミこそ大切にしなければならないというのを信念にラジオの仕事を続けている。

でなければテレビで喧嘩して途中で帰ったりはしない。

百人で満員のジァンジァンで、最多出演者になんかなっていない。


フムフムと頷きつつ読んでいると、こんな一文が出てきてびっくりしました。

「大往生その後」を本誌に連載すると決めたとき、礼儀として「小さいところに、その後ということで連載します」と岩波に報告しておいたのだが……。

「週刊朝日じゃないですか。小さいところっていうから安心していたのに！」と僕がキョトンとする反応があった。

「朝日新聞は大きいけど、週刊朝日は小さいでしょう」

「いいえ大きいです」

このズレのほうがさらに大きかった。

たしかに「エッ、週刊朝日でやるんですか」と驚いたのは事実ですから、どこかで冗談めかして、こんなやりとりをしたかもしれません。とはいえ、「安心していたのに！」とまで言うわけもなく、このあたりはいかにも彼らしく、おもしろくつくっている。ただ、こんな表現には必ず、本気の部分が含まれていますから、見逃してはいけない。

あとがき、そしてこの「大往生その後」を読んであらためて思う、これからもお付き合いが続く以上、気持ちよく仕事をしてもらうためには、こちらの姿勢を理解してもらう必要があると。わたしの「『二度目の大往生』編集始末記」はもともと個人的覚えに過ぎませんが、何を考えたのかは詳しく記されている。まったくの「予定外」ではありましたが、正直なところを知っていただこうと、思い切ってこの覚書をお送りします。「ときに失礼な表現があるかもしれないけれど」とお断りしつつ。

永さんはすぐに読んでくれて、葉書で返事が届きました。いわく「ちょっとしたカルチャー・ショック」。

「台本」の活字化

さて『二度目の大往生』。結果として、ふつうに「続編」といってまったくおかしくないものになりました。むろん、『大往生』と比較すれば、かたちとしての違いはあります。講演の活字化は『二度目の大往生』で初めて登場しましたし、「永語録」＝講演断章を並べるというのもこのときが初めて。こちらの提案が生きていないわけではない。しかし全体のイメージはまったくと言っていいほど揺るぎません。

それは当然といえば当然でした。『大往生』の構成上の特徴は、語録、対談、シンポの記録、書き下ろし文章など、バラバラの要素をパーソナリティ＝永さんが見事にまとめたところにあり（つまりは紙上バラエティ）、そのかたちは同じなのですから。要素の変化など小さな話にすぎず、バラエティを演出する強烈な個性こそが印象に残る。

彼自身、まえがきでこう書いています。

戯曲の出版は、シェークスピア、黙阿弥、井上ひさし……といくらでもある。

芝居は活字でも読めた。

同じ舞台でも、ショーやバラエティの台本が活字になったことはない。

ラジオのＤＪも残らない。

「岩波新書の『大往生』は、永さんの番組の台本の活字化だったんですよ」、そう言われれば納得する。

たしかに本の構成、つくり方がバラエティ・ショーである。

テーマが「生・老・病・死」のレビューなのである。


こうしてみると、「ともかくもう一冊」という丸投げ提案とほとんど変わらなかったかもしれません。しかしわたしは、この迂回路をたどったことは無駄ではなく、必要なことだったと思います。

なにより永さん本の編集のありようを自分なりにつかみ直したことです。「安易な二番煎じ」となることを警戒するのは当然ですが、それは目次建てで新味を出すことではない。紙上バラエティというかたちの安心感のうえに、盛り込む内容を工夫していくべきであって、その成否を決めるのは彼の気持ちの高まり＝ボルテージだということ。『大往生』のときにぼんやり感じていたことは、このとき確信となりました。

いわば、永さんの自在な発想力と、彼にとって「カルチャー・ショック」だった岩波的編集作法とがぶつかることで、新しいかたちの「知恵の本」が生まれていく原動力になった。そんなふうに思えます。

奇妙な出来事

ちなみに「大往生その後」については後日譚があります。

三作目の『職人』にとりかかろうとする一九九六年春のこと。『週刊朝日』連載の「大往生その後」がまとめられて、『終──大往生その後』のタイトルで朝日新聞社から刊行されることになりました。このとき、気心が知れてきたゆえのいたずら心か、あるいは一発パンチを入れておきたいとでも思われたか、奇妙な出来事が出来《しゅったい》します。

この本の発売広告は永さんが岩波書店に宛てた手紙という形式（一九九六年四月二四日夕刊掲載）。アイデアマン＝永六輔の発案かどうか、そのあたりの事情はわかりません。ともあれ、そのかたちをとる以上、一応の礼儀と思ったのでしょう、「こんな文章を載せるよ」とファックスが送られてきました。

前略　岩波書店様
この本は『大往生』(二百十三萬部)を出版して話題になった頃『大往生その後』というタイトルで週刊朝日に連載したものです。

岩波新書では続篇として『二度目の大往生』(六十萬部)が出版されました。

岩波には岩波の社風があり、朝日には朝日の社風があります。

例えば、がん病棟の老人に聞いた話として――

「男に襲われそうになったら、仰向けになって股をひろげるんだ。男がその気になって乗っかってくる時に、いきなりキンタマを摑んで握りつぶしちゃえ。あんなものつぶしても死にやしねェが気絶はする、そこで逃げるんだ」

岩波はこの言葉と社風があわないということで悩んでいましたので、僕の方から遠慮してカットしました。

そんなことがあったので、これは朝日なら大丈夫だなという基準で書いたのが本書です。

別に岩波が硬くて、朝日が柔らかいというわけではありません。

朝日が硬くて、岩波が柔らかいという場合だってあります。

そんなわけで、岩波書店の皆さんにも買っていただいて社風について考えていただきたいと思います。

目下、岩波新書の為に「職人語録」をまとめている最中ですので……。

永　六輔

これには苦笑しました。たしかにこの語録、チームの仲間から「さすがにこれはどんなものか」という声があったのは事実で、永さんの了解のもとに落としたという経過がありますす。しかしそれ、「社風」とまで言いますか？　それにそもそも『終――大往生その後』の宣伝としてどうなのか。『週刊朝日』連載時からずっと読んでいた印象はむしろ硬派。こんな語録で代表させては、イメージが違いすぎます。疑問はつきないけれど、他人様が出す本の宣伝に口出しはできません。そうですかというのみ。

ところが実際に出た広告を見て、驚きます。キーワードといっていいかどうか、「キンタマ」が「急所」に変更されていました。むろん、「キンタマ」と言おうが「急所」と言おうが、内容的には同じことで、決して品のいい語録ではありません。しかし、どの言葉を使うかで、雰囲気が違い、語感が変わります。おそらくは朝日新聞の広告コードにひっかかったのでしょう。

もはやどうでもいい話で、そのまま終わらせればいい性格のこと。でもこの広告、岩波に宛てた形式になっていますから、反応したほうがいいかなと、事務連絡の手紙のなかで一言ふれました。

朝日の広告拝見。内容はわかっていましたけど、やはりドキッとしますね。〈社風〉云々には違和感がありますけど、まあ、シャレと思えばいいんでしょう。ただ〈キンタマ〉が〈急所〉になっていたのは、アレェ〜というところです。朝日の倫理基準かと思いますが、ちょっとずるいなとSさんと笑っておりました。

すぐさま返事が来ます。「27日の土曜ワイドで、ミッチリとキンタマ事件をレポートしました」。このときの放送、うっかり聴きそこなってしまっていたのが残念。いったい、どんなふうに話したんだろう？　それにしても永さん、やってくれるもんです。こちらこそ言いたい、「ちょっとしたカルチャー・ショック」と。

Ⅱ

「知恵の言葉」を編む

～紙上バラエティのつくられ方

はっきりシリーズ化を意識したのが、三冊目となる『職人』(一九九六年)。「六輔ワールド」と銘打ち、「生き方講座」と位置付けて、『芸人』(一九九七年)『商(あきんど)人』(一九九八年。以下『商人』と表記)と続くことになりました。「語録」「講演録」「対談」を軸とする紙上バラエティとして確立する時期といえましょうか。

永さんの語りはいつもわかりやすく、退屈させず、そして笑いがある。だからこそ、彼の語りはしっかり受けとめられて、心に残る。どうしてそれが可能になったのか? そしてそれを本のかたちで表現するにはどうしたらいいか? 編集者たるわたしにとって、あらためて永さんの語りの魅力を摑む絶好のチャンスとなりました。編集上の工夫の多くもこのときに定式化されます。

本章では、それぞれの成立過程をたどるとともに、「語録」「講演録」「対談」にまつわるエピソードなど、自由に綴りたい。それにしても、なんとスリリングかつ心躍る日々だったことかと懐かしく思い出します。

1 「僕はこれを一番書きたかった」 ボルテージの高さが勝負

盛り込むテーマは変えなければいけない

いよいよ三冊目。いわば正続の関係となった『大往生』『二度目の大往生』を受けて、新たな展開が始まります。このときわたしのなかには、こんな了解ができていました。永さんの語りは、ときに俗説っぽいことを平気で言ったりするけれど、すべてみずからの身体をくぐった「知恵」に転化している。だからこそ読者は、なるほど、こんなふうに考えればいいのか、こう捉えたら豊かになるのかと気づかされ、もっと自信を持って生きていこうと元気づけられる。つまりは永さんの「生き方講座」であり、期待すべきは永さんのボルテージの高まり。大きなテーマさえ定まれば、あとは彼のセンスが解決する。

じつは『二度目の大往生』のあとがきの最終行、「もう『三度目の大往生』とはいえない」という一言には反響があって、「そんなことを言わずに、もっと書いてほしい」という読者の手紙が、続けざまに舞い込みます。刊行してすぐという反応の早さは異例で、あらためて読者の寄せる思いの強さを感じたものですが、さすがに「三度目の大往生」はありません。それでは永さん自身、燃えるものがなくなってしまいます。永さんの語りをもっと聴きたい人の思いに応えるためにこそ、盛り込むテーマは変えなければならない。では、何がふさわしいか？

思いついたテーマは「職人」。彼は尺貫法復権を言い、実際に曲尺鯨尺《かねじゃく》をつくって販売したりして、その活動は全国の職人さんから感謝されていました。知己も多く、その世界の案内人として彼以上の人はいません。職人的生き方には、わたし自身、興味がある。共感する話がいろいろ出てくるに違いない。はたしてどんなふうに提案したか、当時の手紙のコピーが残っていないので、詳しいことはわかりません。ただ、彼もニコニコして、「それでいこう」と一決したことはかすかに記憶しています。

一九九六年の年賀状をみると、「職人語録をいずれ」と手書きで一筆ありますから、年末には決まっていたと思しい。ちなみに印刷された文面は「今年も去年と同じような暮しです。去年と同じようにおつきあい下さい」。いかにも永さんらしい一句に、つい顔がほころびます。

本気になるための経路

しかし、年末には決まっていたらしいとはいえ、緒についたのはもっとあとでした。手元に残っている永さん宛ての手紙コピーで、『職人』に関わるもっとも古いものは一九九六年の春(三月四日付)。そのときわたしは、こんなことを書いています。

そろそろ具体的な相談にかかりたいと思いますが、いかがですか？少しムードづくりもかねて、叩き台案をつくってみました。案というには、あまりにも発想力に乏しく、お恥ずかしい次第ですが、『大往生』方式を踏襲した場合、こんなハコ割になるかということです。

ラジオ・バラエティ方式は今後もとったほうがいいと思いますけど、『大往生』スタイルとはもう少し離れたほうがいいか、迷うところです。

いずれにせよ、盛り込むべき内容によって、スタイルはどんどん変ると思いますので、そのご相談をはじめたい。

今年出しましょう、ということ以外、まだ何も決まっていませんが、編集部としては『二度目の大往生』の一周年、秋に出したいものと勝手に思っています。もちろんすべてはご相談してからのことですけれども。

これにその段階での叩き台案を付しています。刊行まであと半年あまりというときなのに、「そろそろ具体的な相談にかかりたい」「まだ何も決まっていませんが」などと言っていたわけです。しかしこのとき、焦ったという記憶はありません。彼の気持ちが高まってきたら、おそるべきエネルギーを発揮することはもうわかっていました。

編集としてやるべきは、彼が本気になるための経路を準備すること。そして彼の閃きを引き出す装置を用意すること。叩き台案づくりはそのためで、それ以上でもそれ以下でもない。だから結果として無駄になるかもしれないのは織り込み済みでした。実際、この手紙に「どんどん変ると思います」と付言したように、何度も構成は動くことになります。

「百工比照」をめぐって

この『職人』をつくるにあたって、彼には期するものがありました。三月中旬のある日、彼は勢い込んでこう言う。「せっかくやるんだから、職人仕事の結晶である「百工比照《ひゃっこうひしょう》」を見直したい」。

この「百工比照」なるもの、わたしは恥ずかしながらまったくの初耳。「それ、なんですか?」と訊いたものです。彼から教えてもらい、あとで自分なりに調べたことを付け加えると、どうやらこういうものらしい。「百工比照」とは、加賀藩五代目藩主、前田綱紀《つなのり》が全国から工芸にまつわる見本や道具、材料などの資料を収集し整理した標本集で、その数二〇〇〇点を超えるという一大コレクション。へえ、そういうものがあるのか。

永さんはかつて石川県立美術館で展示をご覧になっていました。「今度、金沢を訪ねる予定がある。いっしょに行こう」。願ってもない話と勇みましたが、展示の現状を確認すべく美術館に問い合わせてみると、思わぬ事情が判明します。かつて行なった展覧会は「特別公開」であって、ふだんは東京の前田育徳会《いくとくかい》に収蔵されている、云々。つまりいま金沢には無い。これにはまったくがっかりです。わたしの気落ちした口調に同情してくれたのでしょう、美術館の担当者は永さんがご覧になった展覧会のカタログの残部を調べて、必要ならお頒けできると付言してくれました。親切に感謝しつつ、入手して永さんに送ると、彼からすぐ葉書が届きます、「『百工比照』ありがたく」。

さて、こうなると、もともと予定のあった永さんはともかく、わたしが同行する意味は曖昧になります。しかし、永さんと旅する初めてのチャンス、この機会を逃す手はない。予定どおり、金沢行きに同行することになりました。永さんは当時、『週刊朝日』誌上で「誰かとどこかで」と題して連載しており、そこにわたしを登場させています(一九九六年四月一二日号「井上一夫さんと金沢で」)。そこにこんな一句。

井上さんと作戦変更。
日本の職人の仕事と心意気を、なんとしても残したい。

その心意気、職人気質を中心に、次の公開のチャンスを待つこと、これしかないと決めた。

つまりこの旅、所期の目的からすれば空振りですけれど、「作戦変更」の打ち合わせの役割は果たしたわけです。やはりともに旅をすれば、ふだんとは違う意味で忌憚ない意見交換ができるし、心がほどける効果がある。その後すぐに、京都にごいっしょして、「伝統産業ふれあい館」を訪ねたりすることになり、その思いを強くしたものです。『職人』はそうした付き合いがはじまる最初の本でもありました。

ともあれ、この「百工比照」、まさに「江戸の職人たち二千点の腕比べ」（永さんの表現）というべきものであるにもかかわらず、わたしがそうであったように、広く知られているとはいえない。知らしめよう、現代に生かすべく蘇らそう。その思いゆえでしょう、最終章「職人大学学生諸君！」の冒頭に登場することになりました。これは金沢に開校する「職人大学」（「金沢職人大学校」）の記念講演という設定です（この「講演録」についてはあとでふれます）。

ちなみに、このときに播いた種も関係しているのかどうか、最近ネットで知ったところでは、金沢市と金沢美術工芸大学が「平成の百工比照」を作成したそうです。二〇〇九年から六年かけて、全国の産地から染織、金工、漆工、陶磁の四分野で五〇〇〇点を超える資料を収集し、二〇一五年に公開したとか。

すっきりした構成になる

刊行の二か月前という段階で、わたしはこんな手紙を書いています(八月七日付)。

ＴＢＳでお目にかかったあと、あらためて点検しました。

まず分量ですが、やはり足りません。

現在一〇五頁ですが、あと九〇頁必要なわけで、最終章の書き下ろしを三〇枚、一五頁見当と考えて、講演筆記を適宜配置してみますと約六〇頁。あとちょっと、というわけです。

それでいろいろ読み直し、講演抜粋の配置を考えているうちに、また少し構成を変えたほうがまとまりがいいかという感想を持ちました。

たとえば語録。『大往生』『二度目の大往生』は両方とも、語録は語録で独立しています。やはりそのかたちの方が読みやすそうです。今回、語録に講演抜粋、対談を組み合わせて章構成をするというものでしたが、そうではなく、語録だけ、まず並べてしまうということです。

分量が足らないどころか、構成変更まで提案していました。ふつうは仕上げにかかるときで、これでは先が思いやられるというもの。しかし、たしかにぎりぎりではあるものの、進行について心配していたわけではない。じつはこの手紙、催促が目的ではなく、構成変更の提案に重点があったのです。

すでに言ったように、勝負は彼のボルテージいかんにかかっています。その「熱」を前提とした彼の閃きこそ大事。たとえ最終段階でもそれを最優先する。ならば、内実はすべて永さんがつくるのだから、思いついたことは何でも言おう。そう腹を括っていたからこそ、こんな提案ができた。本づくりの一般でいえば「非常識」といわれてもしょうがないことですが、なに、かまうものか。

かくして『職人』、以下のような目次建てになります。Ⅰ〜Ⅲ章が語録、Ⅳ章は対談、Ⅴ章は講演録。語録をまず並べるという構成はそれまでと同じで、すっきりしたかたちになりました。

Ⅰ　語る　　「生き方には貴賤がありますねェ」

Ⅱ　怒る・叱る　「怒ってなきゃダメだよ、年寄りは」

Ⅲ　つきあう　　「必要なものは高くても買うのが買物です」
Ⅳ　訪ねる　　「使い込んでこそ美しい」
Ⅴ　受け継ぐ　　「職人大学学生諸君！」

手紙のコピーが残っている理由

ちょっと脱線します。いま当時の手紙を引用しました。じつは手紙という手段、永さんの個性と関係するかと思うので、その話を少し。

編集者たる者、大事な手紙はコピーをとっておくというのは、わたしならずとも心がけておくことです。ただ、永さん宛ての手紙コピーは頭抜けて多かった。そこには理由があります。

その第一。手紙は手書きであり、そうでなければならなかったこと。当時すでにワープロが普及していましたから、ふつうはそれに頼ります。ワープロなら訂正が簡単で、そのまま保存できる利便性があるからなおさら。しかし彼は多分、ワープロ文書を手紙と認めていない。その証拠に、彼は手書きの手紙には返事を寄こしましたが（葉書に一言）、たまたまワープロで出したりするとほぼ無視。着いたのかどうか、心配になるほどでした。それに気づいてから、手紙はすべて手書き。

第二。保存すべき大事な手紙が多かったこと。言いたいことを言うために、必須の手段だったからです。ふつう手紙は挨拶という要素が強く、内容に立ち入るとしてもせいぜい大きな方向を確認する程度。詰めるべきことは面談して協議するのが常道です。ところが永さんはそうはいかないのです。

彼は話が早い、判断が早い、意味のない世間話などしない。あの早口で、閃いたことをどんどんしゃべる。その一つひとつがおもしろく、インスピレーション豊富、話題の広がりは無限。彼のペースに巻き込まれる快感といいましょうか、こちらがつい身を乗り出すのは当然です。彼との面談で、乾いた打ち合わせになったことは一度もありません。実際、そもそも何のためにお会いしたのか、わからなくなってしまった瞬間さえありました。話が一段落したとき、「ところで今日は何の相談だったの?」と訊かれ、ハッとわれにかえるということが本当にあったのです。

永さんの個性の強烈さはこんなところにもあらわれていました。そしてそれに圧倒されたわたしは、しばしば確認すべきことをうっかりする。また速射砲のごとく放たれたインスピレーションの数々をその場では受けとめきれず、戻ってから反芻《はんすう》する。そこにはいくつもヒントがあり、「そうか、それならばこうしたらどうだろう?」という提案に結びついたりしました。それを手紙で書くのです。手紙なら最後まで言いたいことを存分に書けます。そして知っておいてほしい情報を伝えられます。つまり、手紙が「打ち合わせ」の役割を担っていました。

第三。日程や手順の備忘の役割があったこと。ともかく忙しい人でしたから、まとまった時間をとるのが大変で、ＴＢＳ一階にある喫茶コーナーで番組が始まる前の三〇分などという指定が何度もありました。仕事の合間を縫った慌ただしい時間であるにもかかわらず、わたしと会っているときには、ついぞ「番組の準備がある」といった素振りを見せることはなかった。ただ本について集中する。ここからは想像ですが、番組が始まってしまえば、今度は本のことなどいっさい忘れて、ただリスナーだけを意識しているに違いありません。

その場の集中力のすごさは、余計なことは忘れるということと同じです。せっかく打ち合わせをしても、印象に残ったやりとりはともかく、日程的なことや細かな確認は記憶に残らないおそれがある。だから、確認事項のメモを手渡しておく必要がありました。

手紙のコピーが増えるゆえんです。そしていまとなっては、当時を思い出す大事なようすがになっています。

「メモなんかしない」

『職人』編集の日々は、わたしなりに永さんの方法の特徴をつかみ直したときでもありました。そのなかで、それまでの経験が位置づけ直され、ああ、そういうことかと得心していく。じつは、『大往生』以来、大きな評判を呼び、新書の魅力の核を構成していた無名人語録のありようをはっきり理解したのも、この時期でした。しばらくその話を。

発端は、『職人』にとりかかるべく準備していたある日の会話。ふと気になって、永さんにまっすぐ訊きました。「語録はいつ、どこにメモされるんですか」と。質問のきっかけとなった風景はぼんやり覚えています。彼はいつも分厚いスケジュール・ノートを持ち歩いていて、このノート、マーカーを駆使してとても賑やか、余白が見当たらないほどぎっしりです。しかし、ついぞほかにメモ帳など見たことが無かった。どうしているのかな？　ごく素直な連想で、こう質問したのです。

すぐさま答えが返ってきました。「メモなんかしない」。続けていわく、時間がたてば忘れていくけれども、本当にいいと思った言葉は残る。一週間たっても記憶から消えない言葉だけを書く、云々。つまり、記録という手段に頼らず、時間というフィルターにかけ、自分のなかで濾過《ろか》されて残った言葉、それを語録にするというのです。ア、そうなのか、あの語録の魅力はそれゆえか。それまで不思議に思っていたことが、このときすっきり腑に落ちます。

時間がたっても覚えているというのは、その人の感性に何かしら響くものがあったからですよね。だから、わざと時間をおく。その場では記録しないどころか、記憶しようとせず、しばらくしてから思い出すことだけを書く。だから、永さんの個性に裏打ちされた語録が残ることになります。

ここまで言えばすぐ推測されることですが、この方法ならばいよいよ永さんの個性が強く出ることはあきらかです。つまり選び出されるだけでなく、強い印象を残した部分が浮き出てくる。

一般論になりますが、「こう記憶している」の内実はしばしば、「こう記憶しておきたい」に置き換えられます。印象的な言葉を聞いたと思い、あとで当人に確かめると、「似たようなことは言ったけれど、そこまでは言っていないよ」、そんな場面に遭遇した経験は誰でも一つ二つ、あるのではないでしょうか。

一週間という単位が絶妙

そして時間をおく単位が「一週間」というのが絶妙です。座右の銘にしたくなるような名言はともかく、ちょっと洒落た表現だなといったレベルのものは、時間がたつと忘れてしまう。さすがの知恵と感心しました。

もっとも本当に毎週一回、まとめたのかどうか、それは知りません。忙しい人だから、旅先でまとめたり、空き時間に整理したりという場面もありそうで、曜日を決めてというのではないかもしれない。肝心なのは一週間という単位を意識して、思い返しては語録を記していたということです。このときにはむろん、ずいぶん前のことが浮かぶかもしれず、つい最近聞いたという言葉も混じるでしょう。それはどうでもいい。大事なのは時間をおくということ。そしてとりあえず単位とするのは一週間。

とはいえ、ここには彼らしい誇張もちょっとあったようで、まったくメモしないというわけではないらしい。亡くなったあとのテレビ番組で、しばしば彼のスケジュール・ノートが紹介され、そこには語録と思しきものが書き込まれていました。しかし、いかにスケジュール・ノートにふんだんに書き込みがあるとはいえ、あれだけの分量すべてがあるわけもなく、あとになってまとめたという要素もありそうなので、事柄の本質は変わらないでしょう。

ちなみに、その場でメモしたとコメントしている語録もあります。これなど、もしかしたら本当にそうなのかもしれない。

「昔、お母さんにおむつを取りかえて貰ったように、お母さんのおむつが取りかえられるかい。老人介護って、そういうことだよ」

☆老人ホームで取材しているときに、園長が若い夫婦に言っていたのをそばで聞きながら、思わずメモしたことを覚えている。

（『大往生』）

たしかに名言です。「思わずメモした」というのはさもありなん。

血肉化しているからこそ

キーワードは「記憶」。その典型というべき語録が『職人』に登場しています。これぞ市井の人の名言と深く頷かされ、書評でも紹介されることが多かった語録です。

「もらった金と稼いだ金は、はっきり分けとかないといけないよ。何だかわからない金は、もらっちゃいけねェんだ」

歯切れのいい口調で、わかりやすく、大事なメッセージを伝えている。これに対する永さんのコメントがまたいい。

僕が中学生のとき、ＮＨＫの「日曜娯楽版」に投書して、初めて謝礼というものをもらったことがあります。嬉しかったものだから、それを近所の金箔押しの職人さんに言った。このとき、ピシッと言われたことは、いまでもよく覚えています。

「それはよかった、もらっとけ。でも、おまえさん、これから大きくなっていくと、何でくれるんだかわからない金というものが、ときどきあるからな。それは、絶対もらっちゃいけない。自分でなぜくれたのかわかる金だけをもらえよ。なぜくれるんだかわからない金は、絶対もらうんじゃないぞ」

この言葉を政治家と役人に伝えたい。

じつはこのときの下町の職人さんの言葉は、すでにＮＨＫ番組（「ニュース解説」、のち改題して「視点・論点」）でも登場していました（「あの一億円」『もっとしっかり、日本人』ＮＨＫ出版、一九九三年）。

私、東京浅草の生まれなんですが、近所に棟梁がおりました。初めて自分でお金を稼いだのがうれしくて、学生だった私は、それを棟梁に自慢しに行きました。「そうか、坊や、お前も稼ぐようになったのか。よし、一つ覚えておかなきゃいけないことがある。

自分で稼いだ金は大事にお使いよ。でも、ひょっとしてもらった金なんだったら、それはもうパッとその場で使っちゃいな。江戸っ子が宵越しの金は持たねぇなんていうのは、あれはもらった金のことをいうんだぞ。稼いだ金は大事に使いな。もらった金は、その場で使え」。

…………

棟梁の言葉はここで終わっていません。ちょっとくどいんですが、もう一回最初からいいます。「稼いだ金は大事に使いな。もらった金は、その場で使っちゃえ。で、稼いだんだかもらったんだかわからない性質の金ってものがある。これは受け取っちゃいけない金だ」と。

最後の一句があるので、同じときの話だなとわかります。

このＮＨＫ「視点・論点」で話題にしたのは、竹下首相時代の一九八八〜一九八九年、各地方自治体に交付された「ふるさと創生事業」交付金一億円でした。当時、その大部分が貯金、つまり死蔵されたままになっていたらしい。そこで永さんは呼びかけます。善し悪しはともかく、すでにもう配られてしまったものである。ならば有効利用すべきじゃないかと。「配られた金は使ってしまわなければ生き生きしない」、だから町を元気にするために「使っちゃおう」、こんな使い方をしている自治体があるよと例を挙げていく。これには大きな反響があって、貯金組だった自治体がいくつも、「使っちゃう」ほうに動いたそうです。その話のマクラがこの職人さんの言葉でした。

すぐおわかりのように、同じときの言葉なのに、微妙に言い回しが違い、強調するところが違っています。場面に応じて、伝えたい趣旨に沿って、変化させている。それでいてというか、それゆえというか、言いたい趣旨はピシッと動かない。この言葉に深く納得した永さんが、何度も思い返し捉え直して、みずからに血肉化させたからでしょう。彼の身体をしっかりくぐっていて、自分の言葉になった「記憶」だからこそ、状況に応じて使い分けることができる。決してそのままの「引用」ではない。

虚実皮膜の達人

ここまでは、ある日の会話をもとに、永さんご自身が言ったことを敷衍《ふえん》して理解したことです。しかし、永さんはこの先がある。

彼は「記憶」にまつわる無意識のメカニズムがあることをちゃんと承知していて、それを意識的に活用していました。もっといえば利用している。いつのまにか自分の解釈が入っているのではなく、エッセンスがより伝わる方向で表現を工夫している。「そういうことなら、こんなふうに言ったほうがもっとおもしろいよ」「ここまで言わなくちゃダメだろう」というふうに。

ときに「これは永さん自身の言葉ではないのか」という感想が生まれるのはゆえなしとしません。『二度目の大往生』にこんな一文があります(「二人対談」)。

六輔 『大往生』が」出版されてすぐ、「これは売れます」と断言したのが、小沢昭一さんと山藤章二さん。二人ともラジオを知っている人です。

山藤さんは「軽い」「文字が少ない」、それで「おもしろい」という三点で売れると予言。小沢さんは、自分の言いたいことを他人が言っているように書いているから、無責任に何でも書ける、そこがずるいけれどうまい、という言い方でした。

ご本人がよくわかっていらっしゃる。お仲間もまた理解していました。小沢さんが正確にはどう言ったのかわかりませんが、「自分の言いたいことを他人が言っているように書いている」とはある本質を衝いています。たしかに「ずるいけれどうまい」。

思うに彼、自分の記憶に残るインパクト、そのエッセンスが大事だと考えていました。だからこそ、単純な引用にとどめず、ときには自分の言葉を紛れ込ませて、メッセージの趣旨を正確に言いあらわしている。虚実皮膜の世界というべきか、この人、まさに達人だなとしばしば感嘆したものです。
そういえばごく初期、こんな一幕がありました。『大往生』が売れまくっているとき、ある新聞書評欄の新書ベストテンなるコーナーで、フィクション部門のトップとして掲載されたことがあります。わたし「勘違いしているなあ。ノンフィクションなのに」、永さん「アハハ、フィクションね、これ正しいかも」。そのときは意味がわからず、戸惑いました。あとになって気づきます、そうか、このことを言っていたのかと。
じつはご自身が、ある種明かしをしていました(『読売新聞』著者インタビュー。一九九七年二月一日夕刊)。

職人は皆、無口なんですよ。そこを粘って粘って、ヒョイと出てきた一言をすくい上げる。でも、そうとばかりも行かない。この人きっと、こういうことを言いたいんだろうって、私の思いも入っちゃってるケースが実はとても多いんです。シナリオのせりふのように、遊び心で楽しんでいただけるとありがたい。

「こういうことを言いたいんだろう」「私の思いも入っちゃってる」「遊び心で楽しんでほ

しい」。こうなるとたしかに、フィクションとノンフィクションの境界ははなはだ曖昧です。ともあれ、さまざまな場面で聴き取り、自分のなかで発酵した大事なメッセージ、それさえ伝わればよく、細かいことは気にしないというのが基本姿勢でした。そしてときには作家性を発揮して、よりおもしろくする。

疑似講演録という手法

さて、『職人』に戻ります。評判となったひとつに、最終章となった疑似講演録「職人大学学生諸君！」があります。

そもそも疑似講演録という発想が秀逸です。金沢に開校する「職人大学」の記念講演という「見立て」。いかにも永さんらしい知恵に溢れていて、本全体を結ぶにふさわしい。

なかでも出色は陶芸家・河井寛次郎さんをめぐる逸話でしょう。河井さんは一八九〇年生まれの明治の人で（一九六六年没。享年七六歳）、永さんはこのとき、三〇そこそこと思しい。このエピソード、二人で京都・清水寺への道を歩いていたときの場面からはじまります。

ある店先に蕎麦猪口《そばちょこ》がいくつか置いてあって、いいなと思ったんです。そうしたら、河井寛次郎さんも同じようにのぞきこんで、「いいね」。

「いいでしょう?」「いいね。幾らなら買う?」

僕はほんとにいいと思ったから、高くても買いたいと答えました。千円くらいかなと、
内心、思ったんですが、言ったいきおいというものがある。

「一万円でも買います」「あっ、そう。ちょっと聞いてごらんよ」


途中ちょっと省いて…… 値段はなんと五〇〇円でした。ほくほくして購入し、河井さんに報告します。歩きはじめた河井さん、突然立ちどまって、こう訊いた。


「待てよ、君、五百円で買ったわけじゃないだろうな」

「いいえ、五百円というから、五百円で買いました」

「君はさっき、一万円で買うって言わなかった?」

「一万円で買うって言いましたけれども、五百円ですって」

「それはわかったけど、そう言われて、五百円で買ったのか」

「えェ、五百円で買いました」

「君はさっき、一万円って言った」

「言いました」

「なんで自分の言葉に責任をもてないの。一万円で買わなきゃ、買物にならない」

「だって、五百円って……」

「そういうもんじゃない。自分で一万円で買うと言った以上、一万円で買わなきゃいけない。買物ってそういうもんなんだ。君を見損なった」

もう、びっくりしました。

こんなことで河井さんとの関係がおかしくなったのではたまらない。慌てた永さんは店に戻って、「これ、一万円で買います。あと九千五百円……」。今度は店の人がびっくり。それなら、これもあれもお持ちくださいと言うのを振り切り、何とか受け取ってもらった。その報告を受けた河井さん、ニコニコして、「よかった、よかった。買物ってそういうものだよ。いいなと思ったら、それはそのモノに負けたことなんだ。負けた以上は、負けた人間として勝った相手に礼を尽くさなきゃいけない。しかも君は一万円と自分で言ったのだから、一万円で買うのが礼儀だろう」。

このエピソードの最後、こうまとめています。

河井さんに言われて一万円で買ったことは、いい月謝になったと思っています。

いま、使い捨ての道具がおおはやりですね。たしかに便利です。

でも、そういう便利さとのひきかえに、ほんとに手づくりでなければできなかった仕事をしていく人がいなくなっちゃお終いなんだから、いなくなるまえに、その人たちを守らなければいけない。

守るためには、その人たちの品物を買わなくちゃいけないんです。

別に高く買う必要はないけれども、その人たちがやってきた仕事に対しての正しい報酬を払う。

そして、それを身につけ、生活に使う。

僕はそれがほんとうの豊かさだと思うんです。


この語りのテンポのよさには唸るしかありません。そしてその結びにいたり、そのとおりだと頷かれた方が多いのではないでしょうか。彼の講演の魅力は何より、聴衆を引き込む話術を背景に、心に届くメッセージがちりばめられるところにあります。それを紙上に再現した見事な作品でした。

ちなみに彼は、この本が出た一週間後、実際に金沢職人大学校開校式で講演しているはずで、そのときはどんなことをしゃべったのか、興味あるところですが、残念なことに訊きそびれてしまいました。

しゃべったとおりのところなど無い

ここで編み出された疑似講演録という手法は、実際の講演の活字化と合わせて、永さん本の大きな特徴のひとつとなります。これはじつは、新たな文体を生み出す作業でもありました。講演＝「聴く」と活字＝「読む」では、まったく違うからです。

検討材料として届けられる講演テープはすべて速記に起こしましたけれど、そのまま使ったものは一本もありません。その最大の理由は、講演ではくり返しが多いということ。永さんは聴衆の反応をみて、わかりにくいと思ったらくり返す。ノートをとるわけでもない講演のとき、覚えて帰れるのはごく一部であり、彼はそのことを知り尽くしていました。強調したいことを何度も言い直すことで肝心なメッセージが伝わり、聴いた人の心に残るのです。

しかし、講演で用いるくり返しの手法は活字化にあたっては、逆に余計な情報となります。本は読み返せばいいのだから、くり返す必要はまったく無い。むしろかったるい要素につながってしまう。講演のテンポのよさと活字のスピード感は違います。あたかもしゃべったような文体、それこそが課題だったのです。

そんな話を永さんとしたことがあり、そうすると彼は遊ぶ。よし、じゃ、いかにもしゃべったようで、じつは書き下ろしというのをやろうか。逆に、ほとんどしゃべったとおりなのに、あたまから書いたようにみえる文章をつくってみようか。こういうときの永さんはじつに楽しそう。そのひとつが『職人』最終章の講演であることはお察しのとおり。

にもかかわらず、永さんの新書はしゃべりを起こしただけの安易な本と評されたことがあり、これにはいささか憤慨しました。いま言ったように、しゃべったとおりに活字化したことはまったく無い。そもそも一般的にいって、インタビューであれ座談会であれ、しゃべりをそのまま掲載というケースはごく稀れであり、手を入れなければ、読めるかたちにはならないのがふつう。それなのになぜ、「しゃべりを起こしただけ」と受け取られたのだろうか？　いかにも永さんらしいしゃべりが再現されているゆえだとすれば、むしろ自慢できることです。しゃべりの印象を消さないまま、活字の論理に流し込む文体が成功したということですから。

職人とは「生き方」のこと

わたしはこの本を編集しながら、永さんの「熱」を存分に感じました。彼の職人に寄せる思いは格別で、深い共感がある。刊行直前、彼は伝産協会（伝統的工芸品産業振興協会）のインタビューで、「職人のどういったところがお好きですか」という質問に対して、こんな発言をしています(『伝統とくらし』一九九六年秋号)。

やっぱりものを作るということですよ。電波って、ものを作らないでしょ。ぼく、放送の人間ですから、今日も朝からしゃべりまくっているわけですよ。でも、なんにも残らないですよね。ものをきちんと作る人に憧れるんです。

とても素直な肉声です。この姿勢があるからこそ、ときに気難しい職人さんたちも心を開く。「憧れる」、とてもいい言葉です。そして彼は、「ものを作る」ことへの憧れもさることながら、その生き方にこそ共感した。彼は何度も、職人というのは職業じゃなくて、「生き方」だと強調しています。

かくして発売にいたり、好評をもって迎えられます。発売から順調に部数を伸ばして一年で四〇万部を超え、五〇万部に達することになりました(三〇刷。二〇一八年一二月現在)。永さんの「熱」がしっかり読者に届いたと実感できたことはとても嬉しいことでした。そして『大往生』は別格として、もっとも書評・紹介が多かった本であり、しかも刊行直後のみならず、あとになっても思い出され、論及されることが多い本となります。

そしてわたしにとってもっとも嬉しかったのは、永さん自身がこんなふうに言ってくれたこと（前掲『読売新聞』インタビュー）。

ラジオ番組の話をしぼって、したたり落ちてきたものを本にしました。ラジオは残らないが、活字は残る。職人さんのこと、これから本気で活字に残さなければいけない。この本がきっかけで、初めて活字への欲がわいてきました。

すでに述べたように、『職人』は彼のボルテージの高さが成否を決めるシリーズとはっきり自覚し、位置づけた最初の本でした。それだけに、「初めて活字への欲がわいてきました」という言葉にいかに力づけられたか、ご想像いただけるでしょう。

2　「元気な言葉が詰まっています」　読者の期待に応えるために

続くテーマを『芸人』に

『職人』がヒットしたことを受け、わたしはいよいよ張り切ります。すぐにでも次作にとりかかりたいと思う。ではテーマは何がふさわしいか？　わたしのなかではもう決まっていました。「芸人」以外に考えられないと。

というのは、すでに『職人』のなかにヒントがあったからです。内海好江師匠との対談で、永さんは「僕が、好江さんと職人の話をしようと思ったのは、いま、職人が置かれている状況と、芸人が置かれている状況が、似ていると思うから」と語っているように、芸人にまつわる話がずいぶん出ています。永さんのなかで職人と芸人はつながっていました。

しかも永さんはもともと、芸人世界を描くことを得意とする人です。『芸人その世界』（文藝春秋、一九六九年。岩波現代文庫、二〇〇五年）は芸人語録であり、そのエピソード集。好著として評判になり、『役者その世界』（一九七一年）『タレントその世界』（一九七三年）と続く三部作になりました（のち、『スターその世界』一九七八年、『アイドルその世界』一九八三年を刊行）。

つまり、成功した『職人』と内容的に連続性があり、永さんにとって自家薬籠中といっていいほど馴染んだ世界。テーマとしてこれ以上のものはないと思うのはごく自然です。提案の手紙を書いたのは一九九六年一〇月三一日。『職人』を刊行してまだ一〇日というときで、この気の早さにはさすがに永さんも苦笑したことでしょうが、しばらくして、「わかった、次は芸人でやろう」と意向が伝えられます。

構成案をめぐって

職人を「つくる人」というなら、芸人は「表現する人」。話題はどのようにも広げられます。わたしは例のごとく、こんな案はどうかという叩き台をつくってはお送りしました。その作業の前提として、これまでの彼の著書を何度も読み直すことになったのは貴重な経験でした。彼の鋭い指摘に何度もハッとさせられたものです。

たとえば彼はこう言っていました。芸人はかつて差別された存在であり、厳しく苛酷な境遇にあった。だからこそ、それを跳ね返す力が大きなものになる。「今日のテレビタレントも、この後ろめたい歴史を認識すべきだし、それを支えてきた人達の貧しさと怒りを受けとめなければならない。芸の修業と上達だけにすべてを賭けて、人並みの生活に這いあがり、河原乞食から人間国宝と呼ばれるようになったのである」（傍点は原文。前掲『芸人その世界』)。そして彼自身がその姿に感動している。「素晴しい芸と相対した時の、あの押しまくられて身動きの出来なくなる体験もいくつか味わえた」「この三部作は僕の青春であったと思う」(前掲『タレントその世界』)。

彼の熱い思いは、『芸人』にとりかかるにあたって、彼自身が構成メモを用意したことからもうかがわれます。これはとてもめずらしい。彼はそのときどきの閃きを大事にして、構成変更をいとわない人ですから、編集開始時点では目次建てが見えていないのがふつう。だからこそ、わたしはせっせと叩き台をつくったわけですけど、この本ではほとんど必要なかった。アウトラインとはいえ、彼がはっきり組み立てを意識していたからで、このかたちではじまったのは後にも先にもこれだけ。わたしはこの本に寄せる彼の意気込みを示すものと受け取りました。

このときの構成メモは、語録をまず掲げたうえで、大きく二つの書き下ろし原稿を用意し、最後に三波春夫さんとの対談で締めるというもの。このときの組み立てが基本となり、最終的に目次は以下のようになりました。

Ⅰ　芸　　「芸とは恥をかくことです」
Ⅱ　テレビ　「もったいないものも捨ててあります」

Ⅲ　スポーツ　「プロレスは痛いものです」
Ⅳ　光と影　「錦着て　布団の上の　乞食かな」
Ⅴ　歌　「明日咲くつぼみに」
Ⅵ　芸人　「三波春夫は芸人でございます」

Ⅰ～Ⅲ章は語録、Ⅳ・Ⅴ章は講演ふう書き下ろし、Ⅵ章は対談。書き下ろしのなかで特徴的なのは「Ⅳ　光と影」でしょう。芸能史は差別の歴史でもあることをまっすぐに衝いている。「興行」をめぐる話では、裏社会とのつながりまで説き及んでいました。彼から「相当に刺激的にまとめる」と聞いていましたが、そのとおりのものになっています。いわば正面から「直球」を投げ込んでいる。

そして対談。当初予定どおり、お相手は三波春夫さんです。この対談は秀逸で、掉尾《とうび》を飾るにふさわしいものになりました。

エッ、架空対談なんですか！

三波春夫さんとの対談、こんなふうに展開します。

永 「シベリア」抑留から引き揚げて「レーニンを語る赤い浪曲師」なんていわれて、当時は筋金入りだったたんでしょう。

三波 はい。これからの日本は共産主義だと信じて帰国しました。

永 それが、コロッと(笑)。

三波 はい、コロッと(笑)。

永 どうして、コロッと(笑)。

三波 やっぱり現実の日本は違いました。浪花節にもどったら、思想もコロッと浪花節に(笑)。

永 どこに筋金が入っていたんですかね。

……………

永 その三波さんを保守的だと思っている方が多いと思うんですが、たとえば、ジャスラック(日本音楽著作権協会)のトラブルのときは、小林亜星、野坂昭如、そして僕たちの側にいてくださいましたよね。

三波 わたしは保守的ですが、不正に与《くみ》する気持ちはありません。

永 僕が三波ファンなのは、その点なんですね。そして歌手として、歌唱権というか、最初に歌った歌手の権利についても、まえから発言なさっていた。

三波　はい。当然、手にすべき権利です。芸人として、人間として、権利は守るべきですね。これはシベリア以来です。

永　三波さん。

三波　はい。

永　やっぱり「赤い」ですね(笑)。

ふつうはなかなか聴けない話で、内容がおもしろいだけでなく、テンポ・リズムがいい。忘れたころに話題がよみがえって、ちゃんとオチまであります。あまりのおもしろさに、わたしは腹を抱えました。

しかしこれ、じつは創作＝架空対談なのです。届けられた原稿には、わたしあてのメモがありました。「この対談は永の書き下ろしですが、三波さんのチェックで決定稿になります」「活字になったらボクが三波さんと逢います」。つまり、これは創作だから三波さんの点検が必要であり、組版にしてからご挨拶して了解を得るという。

これにはびっくりしました。あとでお会いしたときに事情を確かめると、彼はこう言う、「何度も対談したけど、この本にうまくはまるものがなかったので、つくったんだ」。そしていわく、「すべて下敷きがあって、似たような話は何度もしている」。そうか、「創作」というより「構成」という性格なのか。それにしても相手があること、さすがにちょっと心配しました。「三波さんは納得されますかね?」永さん「もちろん、ちゃんと見てもらう。大丈夫だよ」。あとで三波さんもおもしろがったと聞き、安心しました。三波さんの度量も大したものです。

このエピソード、二重の意味で永さんのすごさをあらわしていました。ひとつは内容です。仮に構成してつくったとしても、相手があるわけだから、ふつうは遠慮が生ずる。相手が不愉快に思うかもしれないことは避けようとする本能が働くものでしょう。しかし、彼は伝えるべきメッセージこそが重要で、もっとも効果を発揮するかたちを「つくる」という姿勢に徹底し、まったく逡巡しない。たとえばこの対談、永さんは何度も「コロッと」と言い、三波さんに「その「コロッ」というのが気になるんです(笑)」なんて言わせていました。このあたり、初めて読んだ三波さんはさぞ苦笑したに違いない。

そしていまひとつ、何よりすごいと思ったのは、対談相手とされた三波さんとの深い信頼関係です。ご自分の名前が出て、おもしろおかしく語られているのに、安心して一任したと思えるからでした。こんな関係は一朝一夕でできるものではない。むろん、内容がしっかりしているからこそですけれども、すべてを「永さんのいいように」と了解しています。こうした信頼関係を次の『商人』でも実感することになりますが、それはまたあらためて。ともあれ、こんなことができるのは、永さん以外にいないとつくづく思ったことでした。

思いがけない「不振」に戸惑う

かくして、自信を持って発売にのぞみます。事前注文だけですでに八万部を超え、発売してすぐ一〇万部に届きました。「いま市況が冷え込んでいるので、多少心配しましたが、この勢いは『職人』のときとほとんど変わりません。厳しい状況を考えると、『職人』以上の勢いといっていいくらいです」（永さん宛て一〇月三一日付手紙）。しかし、しばらくして異変に気づきます。その後の伸びが鈍い。

いま話題書といえども、なかなか一〇万部に届かない現状を考えれば、やはり大きな数字であり、それじたいは成功の部類に入ります。ただ、これは読者の期待感のあらわれと重なっていて、前著の評判ゆえに購入したという側面がありますから、その後の伸びこそが重要です。しかし、書店店頭の動きが鈍く、はかばかしい追加注文がない。口コミゆえにどんどん広がっていくのが永さんの新書の特徴なのに、その勢いがありません。実際、これまでずっと読者から熱烈な手紙が届いていたのに、今回はいささか乏しい。これにはいささか慌てました。

じつはシリーズ化されたものの宿命というべきか、ふつうはだんだん部数が落ちていくもので、売れ行きは刊行順になることが多い。ある程度は覚悟していましたけれど、幅が大きすぎる。「四冊目だから、さすがにもう飽きられたんだよ」という声もあって、一般的にはそう捉えるものかもしれない。しかしわたしは違うと思った。何より、ずっと読者の手ごたえを感じていたからで、まだまだ求められているはずだという確信がありました。

ではなぜ、こうなったのか？　本づくりのスタイルは同じである。ならばテーマだろうか？　しばらく考え込むことになります。

読み巧者の好反応

ただ付言しておかなければならないのは、書評は数多く、おおむね好評だったことです。いわば読み巧者の評価は高かった。永さんの仕事を知っているがゆえに、さすがの本であるという世評でした。

たとえば演劇評論家＝矢野誠一さん。彼はこう言う、「私は、ただ芸能人というなんともうさんくさい言葉がきらいで、芸にたずさわるひとならば、すべて単純に芸人ですましてきただけのことなのだが、その芸人が廃語になりかかっているについては、いろいろと複雑な問題がひそんでいることを、この本ははっきりと教えてくれる」。そして続ける、「廃語になりかかっているというよりも、どこかに廃語にしてしまいたいとする芸人たちの思いもあるということで、これまでうすうすみんなが感じていたことを、これほど明快に、しかもやさしく解いてくれているものもない」(『日本経済新聞』一九九七年一一月一六日)。永さんの意図をしっかり汲みとってくれていました。

こんな表現もある。「[本書は]「芸人」ということを当面の話題としながらも、現代日本の世相全般にも理解が及ぶという面白さがある」。つまり、芸人をめぐる話がその世界のありようにとどまることなく、世の中の趨勢全般に対する批判的視座を提供しているという。そして彼の語り口の見事さに感心していました。「「不合理とか矛盾を乗り越えて、納得させてしまうところに、芸があるんです」という言葉が引用されているが、これはそのまま本書の著者にも当てはまる」と(吉田一彦、『公明新聞』一九九七年一二月一日)。

永さんの「直球」に注目してくれた書評もありました。書き下ろしエッセイをとりあげて、「理屈っぽい永六輔節が、他の書では味わえない楽しみを与えてくれる」といい、こう結びます。「テレビが芸人をつぶしている。その結果、名人芸を見るたのしみを、われわれは将来にわたって奪われることになる。著者の芸人に対する思い入れが伝わってくる。われわれの時代をかぎりに、芸人の芸が後世に受け継がれなかった、といわれそうなのは残念である」(塚原弘昭、『信濃毎日新聞』一九九七年一一月一六日)。

書評・紹介はまだまだあります。そのどれもが、さまざまにインスパイアされたことを述べていました。

自分がよりよく生きるための「こやし」

力作であり、また高い評価を得ているのに、動きはいまいちとなれば、やはり、読者が期待するものと微妙にずれていると考えざるをえません。思い悩むなかで、わたしの思考はこんな過程をたどっていきます。読者の多くは、意識するしないを問わず、自分がどう生きるかに関わるヒントを求めていて、もっといえば、みずからの暮らしに応用可能なアドバイスを求めていたのではないか？　『職人』も、「職人世界」を知りたいというよりは、「職人的生き方」に共感するがゆえの読者だったのではないか？　とするなら、テーマが「芸人」の世界では、自分の生き方と関わらせるということには距離があったのではないか？

そしてこの本、キャッチフレーズを「僕の大好きな世界です」としたように、一般の人はあまり気づかないであろう世界を紹介するという性格がありました。いわば、「そうか、こんな世界があるのか、知らなかったけれどおもしろいな」という読まれ方を期待している。書評の言葉を借りれば、「理屈っぽい永六輔節が、他の書では味わえない楽しみを与えてくれる」のであって、それまでとは少しテイストが違う。それが読者を戸惑わせた可能性はあります。

もっと大きな理由があるのかもしれませんけれど、こう捉えると、自分のなかでは腑に落ちます。そうだとするなら、これからをどう考えるべきか。

永さんの言葉はこれまで新書に馴染んでいなかった人たちにまで届いて、大きく読者層を広げました。彼らは永さんの言葉を待っている。自分の生き方の参考になるメッセージを求めている。いわば、よりよく生きるための「こやし」を得たいと願っている。いまもっとも肝心なのは、言葉が届いた読者に届け続けることだろう。むろん、読者が自分の世界を広げるお手伝いをしたいし、永さんの幅はこんなものではなく、まだまだあることを伝えたい。しかしそれはとりあえず意識しておくにとどめて、いまは永さん流の「生き方講座」がもっとも力を発揮するテーマを探すべきではないか。これがとりあえずの結論となります。

あとになって、この総括はそう的外れではなかったことが判明します。というのは、五冊目となる『商人』では部数を回復し、二八万部(一一刷。二〇一八年一二月現在)に達する成果となったからです。ちなみに、『商人』は部数と刊行順が一致しない最初になりました。これは別の意味でも注目すべきことでした。ちゃんと読まれていることの証左だからです。何となく買い続けられているのではなく、読者が選んでいる。永さんの新書にはコアな読者がついていて、それが岩盤を形成していますが、上積みできるかどうかはテーマによる。わたしはそう理解しました。

なお、『芸人』は発売当初こそ動きが鈍かったとはいえ、その後、少しずつ伸びて一八万部に達しました（七刷。二〇一八年一二月現在）。やはりそれだけの力のある本なのです。

「〈あきんど〉が滅びそうだ」

さて、『芸人』の反応を教訓にして、あらためて検討をはじめようとするとき、彼自身がテーマを持ち込んでくれました。『商人』がそれです。

このとき彼はかなり意気込んでいました。「職人も芸人も大事だ。でも、放っておいたらまっさきに滅んでしまうのは、〈あきんど〉かもしれない。次は〈あきんど〉をやろう」。ここまで熱弁をふるうのはめずらしい。彼の意気込みは刊行時期からもあきらかでしょう。『二度目の大往生』『職人』『芸人』は一〇月刊行で、それがルーティンになりつつありました。しかし、この『商人』は四月刊。前著『芸人』から半年しかたっていません。おそるべきスピードです。

ここには一九九八年四月、千葉県成田市で「全国門前町サミット」が予定されていて、その開催時期に間に合わせたいという意識がありました。このサミットのメイン講演はほかならぬ永さん。ちなみに、『商人』最終章はそのリハーサル風景という見立てです。これもまた「あたかもしゃべったような書き下ろし」。その冒頭はこうです。

以下は、九八年四月一三日、千葉県成田市が主催しておこなわれた「門前町サミット」での講演を、自宅で女房相手にリハーサルしたときのものである。

したがって、「(笑)」とあるのは女房の笑いであり、拍手も彼女一人のものだ。

即興をむねとするあの人が、わざわざリハーサルなどをするかしら？　という疑問は誰の胸にも浮かぶでしょうが、それは問わないことにしましょう。ともあれ、リハーサルという見立てが楽しく、こんな遊びが永さんなのです。

元気で魅力的な商人衆

この本では、全国各地の「あきんど」たちが紹介されています。彼自身が訪ね、交流を重ねたお店の数々。それぞれ数行のコメントですけど、さすが短文の名手、見事に特徴を捉えてお店のたたずまいを伝えている。そのうえでインタビュー形式の対談がありました。永さん「元気で魅力的な商人衆のなかから、厳正なあみだくじで選ばれた、三人の「あきんど」を訪ねて、インタビューすることにした」。藍木綿を扱う大阪・北浜「笹倉玄照堂」の笹倉玄照さん、東京・浅草「駒形どぜう」の六代目越後屋助七さん、スーパーマーケット・レストラン・ホテルとチェーン展開する三重・松阪の「FREX（フレックス）」の中西進さん。それぞれ、さすが「あきんど」という知恵に溢れていて、示唆に富む対談になっています。そして語りのテンポのよさが抜群でした。見事なタイミングで笑いがまぶされている。たとえば、中西さんとのインタビューではこんな調子でした。中西さんの家はもと「八百久」という小さな八百屋だったそうな。

中西　借家のまえに戸板を置いて、ミカンの山をこしらえて、それを売ってました。
永　ご両親がね。
中西　はい。そのときに両親が大切にしたのは、「安いミカン」じゃなくて、「美味しいミカン」です。
永　戦後すぐに？
中西　昭和二二年。
永　「リンゴの歌」の時代に……
中西　ミカンを売ってました（笑）。

最後のやりとりなど、もはやコント。こうした発言はすべて根拠あることでしょうけど、このリズム感のよさは放送作家＝永六輔作品という匂いが濃厚です。実際、わたしのもとに届けられたのはテープでなく、永さんの手書き原稿でした。彼自身が編集し、手を入れている。

こうしたかたちに仕上がるにあたって、対談者とどんなやりとりがあったのか、それはわかりません。しかし、間違いなく存在していると思えるのは、永さんに寄せる厚い信頼です。おそらくはみなさん、安心して永さんの手腕にまかせた。そして感謝したに違いないと思う。「永さん、よくまあ、わたしの言いたいことをわかりやすく、おもしろく表現してくれました」と。そんな声が聞こえてきそうな気がしました。

永さんは「伝える」技術の卓越さもさることながら、「伝えたい」と思う人たちの信頼をかちえていた。それがよくあらわれていた場面のように思えます。

ぼくも〈あきんど〉になる

そして、『商人』がいよいよ刊行というときのこと。販売促進のため、サイン本をお願いすることになりました。サイン本を提供して販売に役立てるというのは、ごくふつうの発想で、とくに珍しいことではありません。しかし、永さんの反応はこちらの思惑をはるかに超えていました。規模がまるで違う。「よし、一万冊、サイン本をつくろう」。

一万冊！　まさに前代未聞、話題づくりとしてはこれ以上のものはありません。さすがアイデアマン＝永さんというべきですが、彼の作業量は大変でした。忙しい日常をぬって、岩波書店会議室にこもっては、山のように積まれた新書を次から次へとサイン本に変えていく。その姿には頭が下がりました。

彼はメディアから取材されたとき、サイン本づくりの趣旨について、こう答えています。いわく「この本ではぼくも〈あきんど〉になる」。あきんどはみんな、ものを売るために工夫し、がんばっている。だからぼくはサイン本をつくって、本を売る〈あきんど〉に協力するのだ、云々。

そしていよいよ一万冊に達しようというとき、書店の店頭でサイン会を開きます（東京・神田、三省堂書店）。ちょうど一万人目という人は大喜び、店頭が大いに盛り上がりました。

読者からの葉書に感謝する

テーマとしての「商人」は、「生き方講座」を求める読者層と合っていました。一万冊サインの話題性もくわわって、ふたたび永さん宛ての手紙や葉書が増えたという実感があります。

このとき、ある読者から「岩波書店御中」で嬉しい葉書が届きました。

いまこそ『商人』
三代目となるべくがんばります。
『商人』
胸を張ってがんばっていきます。
ありがとうございました。
本当にありがとうございました。

著者宛てはともかく、わざわざ出版社宛てに礼状が来るのは稀れで、とても嬉しいことです。むろん永さんには見せたうえで、わたしが預かりました。いまも書棚の『商人』に挟んで、大事に保管しています。

永さん本はこうした読者に支えられていると、あらためて強く実感したものです。じつは、出版に携わっていて、たしかに言葉が届いていると実感することはあまり無く、届いたはずだとは思うものの、直接的には見えないのがむしろふつうです。このシリーズは唯一の例外でした。

ちなみに、出版社宛て礼状で、強く印象に残るのがいま一件あります。『大往生』以来、とても熱心にファンレターをくださる女性がいて、届くたびに回送する。永さんは必ず返事を書くから、彼女は感激しました。そして、編集部宛てに回送御礼の葉書をくれたのです。わたしも御礼の返事を出す。その結果、しばらくわたしとの間に文通関係が生じました。福島在住の八三歳の方で、一度、とても長い手紙をいただいたことがあります。自分はどんな生活をしてきたか、永さんの本にどれだけ救われたか、云々。訥々《とつとつ》とした語りのなかに、読書する喜びがとても素直に表現されていて、心に沁みました。このときほど、出版の仕事をしていてよかったと思ったことはありません。

マンネリを厭わない、マンネリに堕さない

こうした読者の存在を体感しながら、あらためて思ったことがあります。永さんの新書シリーズがときにマンネリと評されたことについてです。

マンネリという批評があるのは理解できます。かたちの共通性のうえに盛り込む内容を変えるという方針であり、「語録」「講演録」「対談」という三本柱はずっと同じ。それぞれの個性より、同質性のほうが印象に残るからです。

しかし、それなのに飽きられない。もっと読みたいという読者がこれほどまでいる。そして、生きる糧を得たという感想を書き送ってくれている人たちがいる。それこそが大事でした。このとき、かたちとしてのマンネリは安心して読書するための装置として機能しています。むしろすぐれた形式というべきであり、マンネリという言葉にたじろぐ必要はまったく無い。

とはいえ、形式だけを踏襲して手慣れたルーティン・ワークで済ますようなことになれば、悪い意味のマンネリに堕す危険がある。マンネリに見えるのは厭わない、しかし、マンネリに堕してはいけない。永さんの「熱」に期待し、その「熱」があるかぎり続けよう。彼の気持ちが高まり、本気になったとき、期待以上の作品ができる。これがわたしの確信となっていました。

そう思っていたがゆえに、『商人』刊行後、いささか不思議な展開が生じました。

不思議な一幕

時間を少し遡ります。「次は〈あきんど〉をやろう」と提案してきたとき、じつはもう一言ありました。「もう一冊だけやろう」と。この言葉を聞いたのはわたしだけではないから、勘違いではないはずで、そんな大事な言葉を聞き違えるわけもありません。そうか、永さんも一回区切りをつけたいのか、そう思うのが当然です。ボルテージの高さが勝負のシリーズなのですから、彼が「あと一冊」というなら、それに従うべきである。そのうえで次を考えようと。しかし、いったん終わるとするなら、それは読者にも伝えなければなりません。それでオビに小さく、「六輔ワールド、いよいよフィナーレ！」の一句を入れました。

不思議なことが起きるのはここから。本ができたとき、永さんが意外そうに言う、「あ、フィナーレ？　もうやめちゃうの。なんだ、やる気ないんだ」。ハア？　と言うしかありません。この瞬間、あらためて、彼の一言一句に拘泥してはならないという原則に思いあたりましたが、もう遅い。『商人』をつくろうということに意識がいっていて、ともかくこの一冊だけはどうしても、という気持ちがあんな言葉になったのか。それとも、あとで気持ちが変わったのか。そのあたり、まったくわかりません。ともあれ、久しぶりにうろたえました。

そう言ったじゃないですか、と対応してもはじまりません。やってくれるのであれば、こちらも続けたい。そうですか、こう書いてしまった以上、次は「アンコール」とでも銘打ちますか、などと言いつつ、誤解をといたものです。ホント、この人、油断がならない、内心そう呟きながら（こんなことがあったので、次作となる『夫と妻』のオビに「六輔ワールド、第二幕！」と入れて、つじつまを合わせたのです）。

読者は当然、再開を望み（すぐに何通もシリーズを続けてほしいというリクエストが来た）、永さんも気持ちを新たにして、さあ再出発というとき、大きく状況が変わります。まったく思いがけないことに、わたしに営業部異動の人事が出たからです。わたしはこのとき、永さんとの縁も切れると覚悟しました。しかし、切れないどころか、いっしょに全国を旅する機会が生まれたりして、新しい関係が始まります。

その話に入る前に、本章最終節として、ここまであまり触れる機会がなかったいくつかのエピソードを紹介しておきたい。直接本づくりには関わらず、また、いささか個人的思い出に属するものが含まれますが、わたしにとっては大事な場面でした。

3 「名刺の裏書でも全責任をとる」 永さんの素顔をめぐって

「ああいう編集者になってはならない」

永さんから「一喝」を食らったことがあります。一九九七年春、『職人』を出した翌年のことで、ようやく永さんとの付き合い方がわかってきたかというころ。

ことの発端は、ある岩波書店役員(当時)からの要請です。出版社の合同団体が新人研修をするにあたって、永さんに講演を頼みたい、「君からお願いしてくれ」云々。こうした講演依頼は出版活動とは性格が違うので、ふつうは仲介しません。連絡先をお教えして直接交渉していただきたいと答えるのが常です。ただ、このときはいささか微妙で、岩波書店も関係している出版団体であり、また上司の言でしたから、やむをえず打診のみ引き受けました。事務所に連絡して依頼内容を伝えたところ、意外にも、すぐに承諾の返事をもらいます。「ありがとうございます。それでは、ここからは当事者にバトンタッチしますので、よろしく」。

これでわたしの任務は終了と思っていました。それぞれの窓口が打ち合わせすればいいことで、実際、その後の詰めはすべて、わたし抜きで進行しています。それで当日、もともと予定に無かったわけだから、会場に行かなかった。ところが、これに永さんは激怒したらしい。「井上が頼んだから来たのだ。それなのに頼んだ当人が来ないとはどういうことか！」と。相当な剣幕で、新入社員たちに「君たちはああいう編集者になってはならない」とまで言ったとか。講演の途中で、係の人が心配して電話をかけてくるほどでした。「すごいことを言われてますよ。大丈夫ですか？」電話口でわたしは絶句、いまさら出かけても間に合いませんから、ただ困惑するのみです。

正直いうと、わたしはこのとき、永さんの怒りはいささか理不尽に思えました。事務所に連絡したとき、今回は単なるメッセンジャーボーイの役割だとくどいほど念押ししています。それは永さんも承知していると理解していました。どうしてそんなに怒っているのだろう？　何か誤解があるのだろうか？

講演から数日して仕事の打ち合わせがありましたが、永さんはまったくふつうの対応で、そんな話はおくびにも出しません。ついに終わり際、わたしが訊きました、「あれはつなぐだけという話だったんですけど」。そのときの彼の答えは忘れもしません。いわく、「紹介した以上は最後まで責任を持たなければいけない。たとえ名刺の裏書をしただけでも全責任をとる。そういうものだよ」。

じつはこのとき、彼は別に強く言ったわけではありません。雑談の延長の雰囲気であり、口調はむしろやわらかでした。諭されたというに近い雰囲気。そして笑いながら「君のことはけっこう誉めたよ」。でも当日の係の人は「ああいう編集者になってはならないとまで言われています」と電話してきたわけで、その切迫した口調とはあまりに落差が大きい。いささか戸惑いつつ、「おっしゃることはわかりました」。そしてその場はそれで終わります。「じゃ、また」。

信頼された以上は最後まで向かい合う

この一件は何だったんだろう？　しばらくして、ようやく腑に落ちます。そうか、こう理解すべきなのかと。

思うに、彼にとって大事なことは「井上が頼んだから」でした。そして、おそらくそれだけを覚えていた。とすれば、誰の意を受けてのことかとか、立場上やむをえないとか、そういった経過のあれこれは関係ない。「つないだだけ」などという言い訳など、通用するわけもない。

怒りの原因がそこにあったとするなら、ある意味、嬉しいことであり、ありがたいことです。忙しい日常のなかで、わたしを信頼して引き受けてくれたわけですから。だからこそ、その裏返しで厳しい物言いになった。しかも、あとでわかったことですが、講演会当日、わたしに渡すべく用意していた原稿があったらしい。ところが、彼からすればいるはずのわたしがいないわけで、約束が違うと思った可能性がある。それも怒りに油を注いだか。どうやらそんな事情と思しい。

このとき、あらためて永さんという人の個性を思ったものです。彼は大事と思うことしか覚えていない、約束違反に対して激しく怒る、そしていったん怒って吐き出してしまえばそれで終わり、あとに引きずらない。もしかしたら、わたしが訊いたとき、彼は講演でわたしを非難したことなど、もう忘れていたのかもしれない。

こう理解したことで、わたしは大きな教訓を得ます。信頼された以上は最後まで向かい合う義務があり、その姿勢に徹底するということ。永さんはわたしが講演会に欠席したことを約束違反と受け取り、怒りの言葉になったわけですけど、幸いなことに大きく関係を傷つけるものにはならず、とりあえず解決した。しかし、これからもそうした行き違いが生ずると、どこかしら澱《おり》が溜まって、濁りが生ずるおそれがあります。気持ちよく仕事をしていただくためにも、それは何としても避けるべきだと。

かくしてこれ以後、わたしはどんな経緯であったにせよ、多少なりとも関係した催しには必ず顔を出すことになります。それには永さんも気づいていたはずですが、彼は堅苦しくなることを嫌う。いつもいたずらっぽく、からかわれたものでした。「オヤ、何で君がここにいるの？ いなくていいのに」。わたし「いや、ヒマなもんですから」。阿吽《あうん》の呼吸というと大げさだけど、こんなお遊びを楽しめたのもこの教訓の効用です。

それにしても、「名刺の裏書でも全責任」とはまさに名文句でした。強く言われたわけではないから、「一喝」と表現するのは、言葉の使い方としてちょっとおかしいかもしれません。しかし、わたしにとってはそれだけの重みのある言葉として受けとめ、肝に銘ずることになったのです。

待たせるのが嫌い、待たされるのが嫌い

さて、いまのエピソード、永さんの激しい物言いは「約束を守っていない」と思うがゆえの怒りでした。「約束を守る」に関わってただちに連想されるのは、「時間を守る」ということ。ここにも永さんの個性がよくあらわれます。彼は時間に厳しい。むろん約束した時間を守るのは社会人として当然のことですが、彼はそれが極端なくらい徹底していました。待たせるのが嫌い、待たされるのが嫌い。しばらくその話を。

打ち合わせのためにＴＢＳ喫茶コーナーで待ち合わせたとはすでに書いたことですが、彼はこれに遅れたことがないどころか、いつもとても早い。約束の一〇分前ぐらいに着いても、もう席に座っていることしばしば。何度も、「エッ、もういらっしゃっていたんですか」

と恐縮しました。どうやら彼の場合、三〇分前ぐらいが標準らしい。『商人』にこんな会話が出てきます（笹倉玄照さんとの対談）。

永　商売上で教えられたことがあるでしょ。

笹倉　「約束を守る」「嘘をつかない」、そしてもう一つ大事なこと、「言いわけをしない」。この三つにつきまんな。

永　政治家に教えなきゃ（笑）。

笹倉　永さんはいつも約束の三〇分前にはお見えになりますが、言いわけをせんならんほど遅れたら、あいつは半人前やなァ、と信用を失います。

永　あァ、よかった（笑）。

待たせるのが嫌いということで思い出すシーンがあります。これは営業部に異動してからのことなので、少しあとになりますが、ある取次会社の企画でいくつかの書店をまわるサイン会をしたことがありました。始まってみると、時間の読みが甘く、少しずつ予定時間から遅れていく。永さん、読者の前では満面笑みの大サービスで、それは最後まで変わりませんが、内心はいらいらしていたらしい。最後に爆発しました。「読者を待たせるという運営は

「あいつが悪い、約束を守っていない」

いかにも永さんというエピソードがあります。これはⅢ章でふれる全国サイン会以降の出来事ですけれど、事柄の性格としては共通するので、ここでふれておきたい。地方都市で開催された講演会に同行したときのことです。

講演会が終了したらすぐに移動し、別の街で予定されているサイン会に臨むことになっていましたから、わたしは舞台の袖で待機します。そのとき、同じく舞台の袖にいた係の人と挨拶を交わす機会があり、ちょっとアドバイスした。終わったあと、タクシーで駅までお送りすることになっているというので、「それなら、少し待たせることになっても、タクシーは早めに呼んでおいたほうがいい」と。そして講演が終わりました。わたし「じゃ永さん、のちほど」。まだ時間があるので、わたしは駅までゆっくり歩くつもりでした。ところが、少し遅れて会場入口まで行くと、なんとその係の人と永さんが立っている。「アレ？　どうしたんですか」。タクシーがまだなんです。ちょうど会場から客が出てくるところで、「ア、永さんがいる！」、何人も永さんに挨拶しました。そのいちいちにちゃんと対応するのはさすが永さんです。ニコニコして「どうもありがとう」。でも彼のモットーは「幕が上がっているときは全面的徹底的にサービスする。幕が降りればぼくの時間」。早くその場を立ち去りたいのに、タクシーが来ない。

考えてみれば、タクシーを待つのなら、控室で待機していそうなもの。「来ました」という連絡があって、「おお、そうか」と腰を上げるというがふつう。係の人はそのつもりでいたのかもしれない。しかし永さんは違う、「どこに来るの？　入口？」、そんなことを言いながら、さっさと向かった。そんな場面だったのではないか。この想像、多分当たっていると思う。

なんだ、せっかくアドバイスしたのに聞き流したのかとがっかりです。もっとも、あとで思うに、もしかしたら別の事情があったか。ありがちなことですけど、講演会終了後にしかるべき人たちが挨拶するとか、そんな時間をみていたのかもしれません。永さんはいわゆる名刺交換にはまったく興味を示さず、冷たいといっていいくらいなので、ありえない話ですが、それを知らなかった可能性はあります。本当のところはわからないけれど、ともかくタクシーは来ていない。

こうなるとわたしもいっしょにいるしかありません。実際にはほんの数分と思うんですが、こういうとき時間は長い。このときぼくはちょっと軽口をたたいてしまいましてね、つぎつぎに呼び出しタクシーに乗る人がいるので、「誰かが間違えて乗ったんじゃないの？」係の人は沈黙に耐えかねていて、ちょっと救われた気分になったんでしょう、「ア、そうかもしれませんね」と笑った。でもこれは最悪の反応。小耳にはさんだ永さんは怒った怒った。「そうなのか！」すたすた歩き出しちゃいました。ぼくも慌てて後を追う。少し歩いたところで、「迎車」の札を出したタクシーを見かけた。「永さん、多分これですよ。あんなに怒らなくてもいいのに」「いや、あいつが悪い。約束を守っていない！」

こういうとき、永さんは本気なんですね。相手が誰だろうと、悪いものは悪い。ときに永さんが嫌いという人に出会いますけど、その理由を訊くと、たいてい怒られた話です。「有名人だからといって威張っている」、そんなふうにとるらしい。しかし、「威張っている」という見方は違うと思う。あの人、相手を対等と思っているから怒る。ヒトに即してではなくコトに即して怒る。少なくとも自分の経験に照らす限りはすべてそうで、必ず理由がありました。

もっとも、「それって激し過ぎますよ。怒り方というものがあるんじゃないですか」とハラハラしたことはあります。この講演会のときも、「約束を守っていない」はそのとおりですが、「ア、そうかもしれませんね」というのんびりした反応が癇《かん》に障った。それがいよいよ怒りに油を注いだと思しい。このあたり、永さんもやはり人の子。

初対面から印象が変わらない不思議

ここまで、永さんの厳しい面を語ってきましたけれど、しかし、守るべきことさえちゃんと守れば、これほどフランクに付き合える人もいません。基準が明快なのです。

かつて、彼にまつわる思い出を綴ったことがありました(二〇〇八年八月、私家版)。編集に関わる覚書をしばしば作成したとはすでにふれたことですが(たとえば本文でも引用した『二度目の大往生』編集始末記)、それはすべて仕事絡み。このときはふと懐かしくなり、一気に書いた。その漫筆の冒頭はこうでした。


永さんという人、不思議な特徴があります。こんなに長く付き合っているのに、初対面の印象といま接している感じがあまり変わらない。だって、ふつうはだんだん親しくなっていって、見えてくるものが違っていったりするもんでしょ? ああ、これをこんなふうに捉えるんだ、そうか、こんな面がある人なんだ、とか。付き合うとはそういうことです。でも、彼の場合は違った。むろんより深くなっていったところはあると思うけど、肝心なところではこの十数年、初対面からずっと同じ。これはある意味、すごいことです。いままで付き合ってきた著者で、こんな人は他にいません。

つまり、アッという間に親しくなったけれども、つねに緊張関係は保たれているんですよ。永さんはよく気のつく人ですから、気配りはしてくれるし、親切です。しかし、それに「甘える」といっぺんに関係がおかしくなる。こちらが「本気」であるとき、彼の

「親切」が生きる、そういう関係だったと思っています。

つまり、「アッという間に親しくなり」、いつまでたっても「つねに緊張関係が保たれている」。この距離感は絶妙で、わたしにはとても心地よいものでした。だからこそ九冊ものシリーズを担当できたというべきかもしれません。そして思う、これは多分、わたしだけのことではない。永さんと付き合った人たちすべてが感じたことではないだろうかと。彼のネットワークがいつも生き生きしていて、長続きするものになっているのはそれゆえではないかと、ひそかに思ったものでした。

「ご近所」感覚という距離感

こうした関係が成立するには彼の性格というだけでなく、下町文化を体現する人だからこそという面がありそうです。ふと浮かんだ言葉が「ご近所」感覚。彼が大事にしているキーワードのひとつです。人間関係というとき、親子、夫婦、仲間といった言葉があり、実際いまも生きている。しかし、かつてしっかり存在していたはずの「ご近所」という感覚は、いまとなってはすっかり薄らぎ、ときにはまったく無くなっているかもしれません。

彼はこんなエピソードを紹介しています（『二度目の大往生』）。自分が育った寺の斜め前に浪曲師、木村重松さんという人が住んでいて、近所でも評判のうるさい人だったとか。小学一年だった永さんは父親から「明日からうちの前を掃除しろ」と言われて張り切り、重松さんの家の前まで掃いてきれいにした。そうしたら、重松さんから「余計なことをすんな」と叱られる。翌日は真ん中までしか掃かず、水をまいた。そうしたら……


「誰だ、今日の掃除は？」

「おじさんちの方はしてないよ」

「おれはそういったけれど、この掃除の仕方は気にいらねェ。もうちょっと、おれんちの方へ寄れ」(笑)

「ちょっと向こうへ寄ればいいの？」

「そう、もうちょっとこっちへ来い。おれもおまえんちの方にちょっと寄って掃除する。そうすると、道のまんなかは、おれとおまえが二人で掃除したことになるだろう。その道のまんなかのきれいなところをよそから来た人に歩いてもらおう、とこういうわけだ」


そして言います、「お互いがちょっと相手に寄る。寄りすぎちゃいけない。寄りすぎちゃいけないが、重なっていく部分がどうしても必要」。これが永さんの言う「ご近所」感覚でした。こうした町暮らしの関係は、残念ながら滅びつつある。しかし、発想としての「ご近所」感覚。これは永さんのなかでしっかり息づいていた。そう捉えていいのではないかと思う。

実際、彼はある程度まではとてもフランクで、そしてあるレベルからは決して他人に立ち入らせない。同時に、その姿勢はこちらに対しても同じで、あるレベルからはすべてまかせて、口を出さない。彼のネットワークはこの「ご近所」感覚で貫かれていて、わたしもまた、その恩恵に浴した。そんなことを思ったものです。

遊んだ思い出ひとつ

もっとも、ときに遊んだことは事実です。この節の最後にそんな余談をひとつ。いささか個人的思い出に過ぎますが、永さんの闊達さを示すエピソードでもありました。

『芸人』を編集しているときのこと。このときはもう、「無名人語録」のつくられ方を了解していましたから、ふと、自分でもつくってみようかと思う。そして「まあジョークですが」と永さんにお見せしました。彼は呵々大笑、「君も遊んでいるなあ」。彼が「これ、いいね」と言ってくれたものから、いくつか。

「編集者は、机に坐っているようじゃいけません。
動いていなきゃダメです。
そうすると不安になります。それが大切なんです。
いつも不安を抱え込んでいるようじゃないと、新しいものは生まれません」

○

「何でこう横文字ばかり多いんだろうね。
もしかしてコイツ……
意味わかってねェんじゃないか？」

○

「嫌な人につまらないことを言われて、腹が立ったんでしょ？
それはわかる。でもね……
いつまでも怒っていると、その嫌な人と同じレベルになってしまう。
それって、情けなくない？」

彼がもっともおもしろがってくれたのが次の語録。ありがたくも彼がコメントしてくれたので、自分なりの改訂版をつくるときに載録させてもらいました。

「みんなが〈それはいい〉といってくれる企画はたいてい失敗します。

評価に甘えて覚悟が乏しくなるからです。

自分だけがいいと思っている企画もダメです。

ひとりよがりだからです。

恋人が〈いい〉といってくれれば……

絶対成功します」

☆この語録、永さんに見せました。そうしたら、この項を見て……「ここは〈恋人〉じゃなくて〈愛人〉のほうがいいよ」だって。

こんなとき、彼はとても楽しそうでした。そのときの笑顔を懐かしく思い出します。

しかし、だからといって、付き合いの基準が変わっていくわけではない。いかに気心知れた仲になっても、甘えてしまってはいけないという緊張感があったこと、それこそが重要でした。

marina

Ⅲ

六輔ワールド第二幕

～新しいステージへ発展

『商人』刊行後、わたしは営業部に異動しますが、永さんの新書だけは引き続き編集することになります。これはまったく異例で、ふつうはありえないことですが、わたしにとって永さんとの関係が続くのは嬉しいことでした。しかも思いがけないことに、その関係は新しいステージに発展していきます。本づくりの場面だけでなく、「旅する人」永六輔という個性に接する機会がぐんと増えたのです。

まずは前代未聞の大イベントとなった全国各地の書店サイン会の場面をたどり、そして「六輔ワールド、第二幕！」と銘打った『夫と妻』『親と子』『嫁と姑』について綴ります。

1　「自分でつくって自分で売れ」全国各地でサイン会

思わぬ言葉に驚く

一九九九年春、長年携わった編集部を離れて営業部に異動することになり、わたしはその挨拶のため、ＴＢＳ喫茶コーナーに永さんを訪ねました。会社の事情とはいえ、こうなると永さんとの関係も切れざるをえません。残念と思いつつ、ご報告にうかがう。

このときの言葉はまったく思いがけないものでした。「部署が変わったから後任は誰々というのは、ぼくは好きじゃない」「いまはＪＡだって生産者が売っている。君も自分でつくって、自分で売ればいいじゃないか」。ハア、何ですって？

驚き、困惑するいっぽう、嬉しくも思ったことを正直に告白します。永さんが「仕事は君としたい」と言ってくれたわけで、こんな嬉しい言葉もない。しかし、これは会社の論理を無視した話で、わたしの一存でどうにかなるというものではありません。心が動いたとはいえ、はたして、そんなことができるだろうか？

社に戻って報告すると、あっさり解決します。よく売れているシリーズでしたから、営業貢献の意味は大きいと判断されたのでしょう、本務と折り合いをつけつつ仕事を工夫しろという指示になりました。こうして、営業に在籍しながら編集に携わるという異例な措置が了承されます。永さんはニコニコして、「よし、じゃ、やろう」。

それが二〇〇〇年一月、『夫と妻』『親と子』二冊同時刊行につながります。じつは二冊同時刊行というのは、編集プロパーであってもきつい話。それを営業駆け出しの人間が慣れない仕事に戸惑いつつ取り組むのですから、タフな日々であったことはご想像いただけるでしょう。それでも辛かったという記憶はありません。また永さんと本づくりができる、その嬉しさのほうがはるかに上回っていました。

そして次がある。本務が営業となったことで、思いもしない幸運に恵まれるのです。北は北海道・旭川から南は沖縄・那覇まで、全国の書店さんでサイン会が行なわれることになり、その旅に同行するなかで永さんの真価を目の当たりにすることになりました。

「街の本屋さんの応援団」

編集作業がすべて終了した日、わたしはいささか冗談めかして、こう言いました。「永さん、これからいよいよ販売活動が本格化します。会社の論理を無視してぼくに編集させたんだから、営業にも協力してくださいよ。サイン会をやってくれませんか？」

このときの永さんの反応は予想を超えていました。まさに間髪入れず、「おお、おもしろいね。じゃ、全国でやろう。ぼくはいま町おこしの活動をしている。本屋さんは商店街の要めだ。本屋さんの応援団をやろう」。わたしのイメージはせいぜい、都内数軒というレベル。ところが彼はそれを全国でやるという。一挙に話が大きくなり、彼はその場で事務所に電話し、スケジュールをたしかめはじめます。予想を超えた展開に、わたしはただ呆然。

これは破格も破格、とてつもない大サービスでした。そもそも全国各地でサイン会をやろうなどという発想はふつう浮かびません。短期間に移動を繰り返すとなれば、著者の精神的肉体的負担はとても大きいし、くわえて費用の問題が絡む。一般的にいってまずありえないことで、わたしは思いつきもしなかった。

これは旅暮らしをむねとする永さんだからこそ可能な発想であったとつくづく思います。しかもそのころ、講演依頼がひっきりなしで、いよいよ全国を飛び回る機会が増えていました。旅を前提とするスケジュールがすでに組まれています。そしてこうなると、費用面でも問題は極小化する。極端にいえば、わたしと書店担当者の出張費用だけを考えればいい。

しかし、そんな条件があるといっても、永さんは大変です。全国各地を訪ねる理由はさまざまで、地方局への出演だったり、講演会だったり、ボランティアだったりするわけですけれど、その前後に余分な時間をとることになって、予定がタイトになる。このとき、永さんの親切が深く身に沁みました。「自分でつくって、自分で売れ」を言いっぱなしにせず、こんな大イベントを考えてわたしの本務に協力してくれるわけですから。

サイン会の第一日

さすがに、永さんの事務所からは説明を求められました。これは当然です。彼の負担が大きいだけでなく、講演会がからんでいる場合など、呼んでくれた団体への配慮が必要だからです。いろいろ懸念を解決したうえで、ともかくまずは一度やってみようとなった。それが北國新聞主催の金沢講演会のときのことです(あとで、それに先立って大阪・池田でやろうというプランが入る)。

それでは発売当日の二〇〇〇年一月二〇日から翌日にかけて、一回目のサイン会の模様を再現してみましょう。こんなペースで動いたのです。

朝一〇時、大阪・池田の耕文堂書店でサイン会(彼は前日、講演会があって大阪泊でした)。大阪駅に向かい、立ち食いソバで昼食。三時過ぎに金沢到着。三時半からうつのみや書店でサイン会。夕方六時から北國新聞講演会。講演後に会場でサイン会。夜は永さん馴染みの喫茶店に場所を移してトークとサイン会。すべてが終了したのは夜一〇時近く。翌日は朝一〇時から富山・清明堂書店でサイン会。わたしが付き合ったのはここまで。永さんは午後、飛行機で羽田に戻り、夕方、千葉で講演会。

このペースのすごさには、本当にびっくりしました。コーヒーブレイクという時間さえ、まったく無い。若いはずのこちらが疲労困憊しました。しかも、こちらは講演会の最中は休憩できますけれど、永さんは動きっぱなし、語りっぱなしです。このタフさにはただ驚嘆するばかり。

じつは当初プランでは金沢だけで、富山でのサイン会は予定にありません。これはわたしが頼んだからです。せっかく金沢に行くなら、わが故郷である富山に寄っていただけないかと。「そうか、君、北陸出身だったね」と快く承知いただいたのですが、あとになって休養時間を削ることになったかと気づき、恐縮しました。彼はサイン会を終えた足で羽田へ飛び、帰宅することなく、その足で千葉の講演会場に向かったわけですから。

ちなみに富山ではこんな場面がありました。富山出身のわたしより、彼のほうが街に詳しい。あそこに美味しい蕎麦屋がある、そこで昼飯を食おう。エッ、そんな店ありましたっけ？　ちゃんとありました。しかも、そこのおかみと知り合いにはびっくり。永さん「あの高校生の息子さん、どうした？」　おかみ「おかげさまでいま元気で」。開いた口がふさがらないとはこのことです。

一大イベントが展開する

かくしてこのサイン会、北海道から沖縄まで全国七十数軒に及ぶ一大イベントになりました。講演会の前後というケースが半数以上を占め、首都圏は彼の休養日があてられています。わたしは一部を除き、ほぼ同行しています。

この全国サイン会が軌道に乗るうえで感謝すべきは、朝日新聞学芸部(当時)の吉村千彰さん。「書店に人を集めよう／永六輔さん各地で奮闘」という見出しのもと、書店活性化のユニークな試みとして、大きく記事にしてくれました(二〇〇〇年二月二七日)。その一部を。

自称「街の本屋の応援団」の永さん。出かけて行くのは、大型店の進出や、にぎやかな駅ビル店に押されて苦戦している、古くからの商店街の書店が中心だ。普通と違うのは、著者自らが店頭に立ち、マイクを握ってサイン会の口上を述べるところ。

「活字とラジオが人間の想像力と創造力を支えてきたんです。みなさん、本をながめて下さい、読んで下さい」

永さんの呼び掛けに、本店でのサイン会は三十年ぶりという名古屋市内の書店では、商店街で働く人たちが押し寄せた。神戸市内では、震災後、家に閉じこもりきりだったおばあさんが、初めて家を出て、サイン会にやってきた。

永さんは他の作家の本も宣伝するから、全体の売れ行きも伸びる。反響を知った他の書店が「うちでもやってほしい」と次々名乗りをあげている。当初二十店だったが、倍以上回ることになりそうだという。

このときの紙面には、雪が舞うなか、笑顔でサインを続ける永さんの写真が掲載されています（東京・町田、久美堂本店。一月二五日）。この記事の反響は大きく、永さんの思いのこもったボランティア活動であることが広く知られて、各地の講演会の主催者から快く了解されるようになり、当初の懸念は消えました。

別表に掲げたのが、一月から四月末までサイン会を行なった書店の一覧です。たまたま四国だけありませんが、足かけ四か月、実質三か月余りでこの広がりですから、感嘆せざるをえない。そして何よりこのヴァイタリティ、一日で何軒もこなしています。三月二一日など、八軒もこなすという信じがたい離れ業でした。

ただ、いまあらためて書店一覧を眺めると、すでに廃業してしまった書店がいくつもあり、慨嘆せざるをえません。商店街の本屋さんというコンセプトが難しくなっている時代だと、あらためて思わされます。

『夫と妻』『親と子』サイン会／書店一覧（2000年1～4月）

※市制区分は2000年当時

【1月】

20日（木）耕文堂書店（池田市）
うつのみや書店（金沢市）
21日（金）清明堂書店（富山市）
23日（日）有隣堂ルミネ店（横浜市）
25日（火）久美堂本店（町田市）
久美堂駅ビル店（町田市）
紀伊國屋書店本店（東京都新宿）
26日（水）須原屋本店（浦和市）
書楽（与野市）
芳林堂本店（東京都池袋）
27日（木）丸善河原町店（京都市）
大垣書店本店（京都市）
大垣書店ビブレ店（京都市）
30日（日）戸田書店本店（清水市）

【2月】

1日（火）文教図書（那覇市）
田園書房（宜野湾市）
12日（土）旭屋渋谷店（東京都渋谷）
13日（日）星野書店本店（名古屋市）
16日（水）田中書店（宮崎市）
17日（木）金龍堂まるぶん（熊本市）
紀伊國屋書店熊本店（熊本市）
20日（日）海文堂書店（神戸市）
24日（木）八重洲ブックセンター三越店（東京都銀座）
26日（土）静志堂書店（東京都阿佐谷）
27日（日）金華堂書店（佐賀市）
クエスト小倉店（北九州市小倉）
28日（月）ナガリ書店（北九州市小倉）
クエスト黒崎店（同・黒崎）
メトロ書店（博多駅構内）
金文堂デイトス店（博多駅構内）

【3月】

2日（木）千歳書房（東京都千歳船橋）
6日（月）平林堂（上田市）

金華堂書店（長野市）
平安堂新長野店（長野市）
鶴林堂（松本市）
8日（水）　精文館書店（豊橋市）
9日（木）　興文堂書店（鹿沼市）
落合書店（宇都宮市）
13日（月）　武田書店（出雲市）
今井書店・本の学校（米子市）
定有堂書店（鳥取市）
14日（火）　富士書店吉成店（鳥取市）
富士書店本店（鳥取市）
16日（木）　朗月堂書店（甲府市）
19日（日）　勝木書店SuperKaBos店（武生市）
勝木書店本店（福井市）
20日（月）　北国書林（松任市）
21日（火）　八小堂（小田原市）
伊勢治書店（小田原市）
長谷川書店（茅ヶ崎市）
川上書店（茅ヶ崎市）

島森書店（鎌倉市）
松林堂書店（鎌倉市）
邦栄堂書店（鎌倉市）
たらば書房（鎌倉市）
26日（日）　宗文堂書店（北九州市門司港）

【4月】

13日（木）　英進堂書店（新津市）
萬松堂書店（新潟市）
セゾン・ド・文信堂（新潟市）
19日（水）　弘栄堂岡山店（岡山市）
細謹舎（岡山市）
栄松堂書店東京駅店（東京駅構内）
20日（木）　東山堂ブックセンター（盛岡市）
北上書房（一関市）
24日（月）　丸善南一条店（札幌市）
25日（火）　森文化堂（函館市）
冨貴堂本店（旭川市）
30日（日）　相模屋（伊東市）

書店店頭を賑やかに

このサイン会は、永さんが「町おこしの活動」と言うにふさわしく、活力に満ちていました。思い出すままに、その情景を。

始めるにあたって、まず口上があるのは『朝日新聞』でも紹介されたとおり。「いつも××書店にお出かけくださいまして、ありがとうございます。ちょっとだけ耳を貸してください」と前置きして、読書の大切さを軽妙に語る。その場の人たちはみんな耳をそばだて、話に引き込まれていきます。このとき決して長くはしゃべりません。サインを求める人の列ができたころを見計らって、「では、急ぐ人もいらっしゃるだろうから」と切り替える。このタイミングが絶妙。そして、しばらくサインを続けたあと、「ちょっと待ってね」と言ってはマイクをにぎる。本に関わる話のみならず、時の話題やご当地に即したエピソード等々、自由に展開します。この語りは彼のラジオの場面を彷彿とさせました。来場者の方々はラジオ放送現場に立ち会っている心持ちだったでしょう。サインをしてもらった人の多くがその場を去らず、彼の語りを待っていたのはむべなるかな。そして、最後はいつも、もっと本屋さんに行こう、「待ち合わせは本屋さんで」を合言葉にしようと結ぶ。

彼のトークを聴いていて、わたしもホウと思わされたことがあります。お仲間である小沢昭一さんのエピソード。小沢さんはわざわざ、自分がほとんど知らない、したがってそれほど関心があるわけでないテーマの書棚の前に行くのだそうです。ふつうは誰でも、自分が興味を持つコーナーに行くのがあたりまえで、馴染みの書店といえども全部は知らず、動く範囲は案外狭い。しかし彼はあえて、知らない世界の前にたたずむ。そのとき、中身まで見なくてもいい、背表紙だけ見る。それだけで世の中を見る視点が広がっていくのだと。そして永さんは言う、みなさんもたまにやってごらんなさい、へえ、こんなテーマでこれだけの仕事があるんだと驚きますよ、云々。こんな楽しみ方があることは、わたしもまったく気づいていなかった。

永さんのサービス精神が発揮されたのはトークだけではありません。あるときから、来場者とのツー・ショット撮影までルーティン化した。その最初はいつだったか。サインを求めた読者が遠慮がちにカメラを差し出し、「記念写真を撮ってもらえないか」と訊いたことがあり、永さんは快く、いいよと応じる。希望者が続出するのは当然で、カメラを持参しなかったことを嘆く人もあらわれた。そのとき永さんが言う、「カメラを持っていない人は書店さんに撮ってもらおう」。来場者の方々はみんな大喜びです。まさに大サービスですが、その後の一言がまさに永さんでした。「みなさん、写真を撮ってもらったら、この店に受け取りに来るんだよね。書店さん、料金は？　エッ、ただでいいの？　気前のいい書店さんだねえ。さてみなさん、そのときまさか、手ぶらで帰ったりしないよな。本を眺めて雑誌の一冊も買っていく、それがサービスに対する礼儀というもんですよ」。みなさん納得の表情、書店さんも嬉しそうでした。その後、しばしばこうした場面が再現され、わたしもときにそのカメラマンを務めたりしたものです。

そして、サイン会での読者との交流は、思わぬ副産物をもたらします。読者が「次はぜひ〈嫁と姑〉をテーマに」とリクエストし、次作につながったことでした。翌年刊行することになる『嫁と姑』の「まえがき」に、その経緯が描かれています。「〈嫁と姑〉をくださいというお客さまがあいついだ」とあって、こんな会話があったと続く。「申しわけありません。〈夫と妻〉〈親と子〉の二冊なのですが……」「アラ、どうして〈嫁と姑〉が無いんですか？　無いのなら、書いてください」。これが永さんの琴線に触れました。「直接、読者からのご注文がつづいた」「こんなに嬉しい話はないし、これに応えないわけにはいかない」。

この話題はあらためてふれますが、ともあれ、しっかり読者の手ごたえが感じられた場面といえましょう。もっとも「お客さまがあいついだ」「ご注文がつづいた」というのは、さすがに言い過ぎ。永さんらしい誇張というか、いわば「白髪三千丈」の世界。

達人ぶりに舌を巻く

サイン会の多くが講演会の前後に設定されたことは、彼の講演に接する機会が増えることにつながりました。そしてあらためて、その魅力を思うことになります。

彼が講演するにあたって、目の前の聴衆に徹底的にサービスすることはすでに何度も実感していたことでした。伝えたいメッセージをできるだけおもしろく語るのが肝心だという姿勢に徹底していて、聴衆はそのスピード感に酔い、そこかしこで笑いが渦巻く。

とくに大事なのは笑いでした。彼自身、講演会が成功したかどうかは、笑いで測られると言っています。聴衆が笑わないなら失敗だ、大いに笑ってくれるなら、話についてきてくれている証拠だと。たしかに笑うときに人は無防備であり、心がやわらかくなっています。だから、言葉を素直に聴きとれる。「笑ってくれるかどうか」、とてもわかりやすい指標であり、しかも本質を衝いている。でも、ときには反応がいまいちで、笑いが少ないこともありそうだ、その場合はどうするんだろう？　永さん「この話で笑ってくれないなら、こっちのほうならどうかと切り替える」。エエッ、そんなこと、講演途中でやれるものなんですか！　講演の達人は言うことが違う。

全国サイン会で同行した際のシーンから二つ。ともに達人ぶりに舌を巻いたエピソードです。

ひとつは講演会タイトルを忘れていたこと。舞台に上がる直前、係の人に訊いたものです、「今日はどういうテーマだったっけ？」と。これこれと言われて「ああそうか、わかった」。そして始まればよどみなく、ご当地の話をまじえつつ、会場を笑いに巻き込むのです。まったく準備なしで、こんなことができる。

そしてもうひとつ。講演時間を勘違いしたときのこと。永さんは時間に厳格な人ですからとてもめずらしいケースですけど、なぜか一時間半の予定を一時間と勘違いした。彼の講演はいかに脱線に次ぐ脱線であっても、最後はいつもピシッとおさめます。さすがラジオの人で、数分どころか一分も狂わないのではないかという正確さ。それで一時間ピッタリで終わりました。会場の係が慌てて、「あと三〇分あります」。「そうか、ごめんね」とちょっと考えて、すぐしゃべり出す。それがきっちり三〇分！　しかもしっかり起承転結があって大いに笑わせる！　こんな芸当ができる人は、あとにも先にも見たことがありません。いやいや驚きました。

大江戸線一周サイン会で

さて、二〇〇一年一月刊行の『嫁と姑』では、刊行の翌月に「大江戸線一周サイン会」がありました。一日かけて都内の書店をまわろうという企画サイン会です。わたしはかつて業界誌『出版ニュース』にその顚末《てんまつ》を書きました(二〇〇一年三月上旬号)。媒体の性格上、一般の目に触れにくいので、サイン会の話の最後に掲げておきましょう。これまでに書いたことと重複するところもありますが、話の流れゆえとお許しください。

ここで記憶に残ったことをひとつ。書店を順次まわるというとき、何より時間管理が大事です。永さん「どんなことがあっても客を待たせてはいけない」。このとき、営業担当者はあらかじめ大江戸線に乗り、所要時間を確かめたうえで（なんせ地下深いところにホームがあるから地上に出るまで時間がかかる）、開始時間を決めていました。当日、どの書店さんにも余裕をもって時間前に着くことができ（さすがに最後だけちょっと遅れたが、十分許容範囲）、永さんはずっと上機嫌、準備がいいと担当者を誉めていました。このときの笑顔は忘れがたい。彼の基準は明快で、怒ることばかり言われるけど、ちゃんとやればしっかり誉めてくれる人でもあるんです。

永六輔氏サイン会同行記

２００１年２月７日。小雨模様で肌寒い朝、代々木駅に永六輔さんと岩波書店のスタッフ３人が集まった。これから１日かけて、地下鉄・大江戸線を一周しつつ、永さんの新著『嫁と姑』（岩波書店）のサイン会をやろうというのである。

これはアイデアマンらしい永さんの発案だった。「商店街でがんばっている本屋さんでサイン会をやりたい。全線開通したばかりの大江戸線を一周しながら、乗ったり降りたりしてやってみようよ」。永さんのご希望もあり、ご協力いただいた本屋さんは7軒。金港堂(代々木)、誠志堂(六本木)、辰巳書房(門前仲町)、明正堂中通店(上野御徒町)、文泉堂(本郷三丁目)、芳進堂(牛込神楽坂)、末広堂(都庁前)の各書店さんである。それぞれのお店は各30分程度、移動の時間を含めて約1時間。こうして、朝10時過ぎから夕方6時までというマラソンサイン会がスタートした。

まずは代々木・金港堂。ウィークデイの朝、しかも雨が降っているというのは、サイン会としては最悪の条件である。にもかかわらず、熱心な読者がすでに待っていてくれた。サイン会が決まってからすぐに、金港堂さんは手作りのポスターで呼びかけてくれていたから、その効果があったのだろう(これはどの書店さんも同じ。それぞれ工夫したポスター・チラシをつくってくれていた)。

早速、トーク。ここでは岩波が持ってきた重量感ある武骨なスピーカーが威力を発揮した(このスピーカーもキャリーに乗って、われわれといっしょに1日大江戸線を回ることになる)。通りがかりの人が、エッという顔をして足を止める。傘をさしたまま、外で聞いていたり、中に入ってきてサインを求めたり、ひとさまざま。さすが、ラジオで鍛えた話芸である。サインのあいだも、話は続く。こうしてサインを求める人の列が途切れることないまま、予定時間がアッという間に過ぎた。拍手のなか、次の目的地、六本木へ。

※　　※　　※

永さんの「サイン&トークの会」は、昨年春、『夫と妻』『親と子』の刊行後にはじまった。きっかけは、新書編集部から営業部に移っていたぼくが、これまでのいきさつもあって永さんの新書編集をひきつづき担当することになり、本ができあがるころ、「サイン会などどうですか？」と水を向けたことである。版元として本を広めたいというのは当然であり、こちらは販売のための方策として考えたのだが、「よし！　やろう」と引き受けてくれてからは、さすがに永さん、こちらの思惑などはるかに超えた大キャンペーンになった。

永さんは「本の販売のためのサイン会というより、〈本屋さん、がんばれ！〉でいこうよ」と言うのである。商店街活性化のためのボランティアの一環としてやろうと言い、キャッチフレーズは「街の本屋さんの応援団」。そして、昨年1月下旬から4月いっぱいにかけ、旅の予定のあいまをぬって、北は北海道・旭川から、南は沖縄・那覇、宜野湾まで、全国70店に及ぶ書店さんを訪れたのであった。

今度の新書『嫁と姑』は、ほかならぬこのサイン会から生まれた。サインを求める読者が、「〈嫁と姑〉は無いんですか?」と尋ね、永さんは「読者から直接リクエストをもらった」と喜び、次作のテーマにすると答えたのである。その間の事情は、本の中に詳しく書かれている。本の由来がそうである以上、今年もまた、折りをみて「サイン&トークの会」をやろう、せっかくだから面白いイベントをやろうということで、この一周サイン会が実現した。

※　※　※

さて六本木・誠志堂書店。永さんが学生時代、よくお世話になったという本屋さんである。ここはさすがに繁華街で、人通りが多いが、右翼の宣伝カーがやかましかったりして、いまひとつマイクの声が通らず、永さんも苦笑。「北方領土もいいが、KSD問題「「ものつくり大学」をめぐる汚職事件」をもっとやれ!」」。予約した読者のためのサインなど、どんどんこなす。

そして門前仲町・辰巳書房。大江戸線は地下深く掘られているので、概ねエスカレーターとはいえ、結構、昇り降りに時間を食う。書店さんにお願いした時間に到着できるようにタイム・キープするのもこちらの仕事である。ここでも事前告知は効いていて、ほどよい人数の人たちが待っていてくれた。永さんは「いらっしゃいませ！」と言いながら、拍手に迎えられて書店の中へ。カメラ撮影の求めにも快く応じつつ、賑やかにサインとトーク。

※　　※　　※

昨年のサイン会のとき、永さんは訪ねた本屋さんに必ず色紙を贈った。これは今年も同じ。文面は「待ち合わせは○○書店で／永六輔」である。永さんいわく、「商店街の文化の中心は本屋さんだ。そこに人が集まってもらうことが必要なのだ」。トークもすべてその趣旨で統一されていた。自著の宣伝はそっちのけで、「活字とラジオは創造力と想像力の源」と言い、本の楽しみ方を軽妙に語って、「もっともっと本屋さんに行きましょう」と誘いかける。このトーク風景もその一部が『嫁と姑』のなかに再現されている。

昨年春、各地の本屋さんを訪ねるとき、こちらからマイクの要請をしたが、どこも最初はけげんな反応だった。「サイン会になぜマイク？」と戸惑うわけである。すべてがすべて、永さんのサイン会に来た人ではないから、本屋さんの中で大きな声が聞こえるのはふつうは迷惑というもの。そのあたり永さんはさすが。入ってくるなり、「騒がしくてゴメン」と謝り、「短い時間だからちょっとだけ耳を貸してください」とことわって、アッというまに、みんなを引き込む。ふだん静かな書店店頭が、ひととき、賑やかな笑いの渦になるのだ。

そして永さんは、客が少なくなれば、すぐに街頭に呼びかけて客を呼び寄せる。こうなると、書店・取次の人も黙ってはいられない。店頭で大声で呼び込みをはじめる。それを見て、永さんは「いいぞいいぞ、もっと声を出せ」と笑う。「商売はこうでなくっちゃ」というのである。

たしかに本屋さんとは静かに本を選ぶところだ。書店の人たちもお客に声をかけたりしない。しかし、どこかお高くとまっていなかったか。「もっとはっきり、〈いらっしゃいませ〉〈ありがとうございます〉という声が聞こえなくてはウソだよ」という永さんのことばは重いものがあると、あらためて感じさせられた。

※　　　※　　　※

上野御徒町で急いで昼食をとり、明正堂中通店へ。ここは永さんのホームグラウンドである浅草に近く、まさに下町商店街の典型。まずは簡単に、商店街全体のマイクでしゃべったあと、早速、サイン&トークにかかる。法被を着た店員さんや取次の人たちが店頭に並んでお客に呼びかけ、ちょっとしたお祭り的雰囲気。永さんの実家である浅草最尊寺の檀家さんや、近くにある鈴本演芸場の主人など、永さん旧知の人たちも来ていて、「知り合いが多いとかえってやりにくい」と言いながら、楽しげだった。

ここでのトークはほとんどKSDの話。「職人大学」の必要性を説いていた永さんとしては、今回の不祥事は何としても許せないことだろう。そのときどきの話題をまじえつつ話すのは、このサイン&トークの会の特徴である。

次は本郷三丁目、文泉堂。そろそろ疲れも出てくるころだが、永さんはそんなようすはいっさい見せない。取次の若い女性が店頭で、「永さんご本人がいらっしゃっています」と叫ぶと、永さんは笑いながら「本人です！」とマイクで答える。通りがかりの急ぎ足の人が、オヤッと足を止めて店内をのぞくといった案配。

※　※　※

昔ながらの商店街はいまはどこも大変である。本屋さんも時代の趨勢のなかで、郊外店やインショップというかたちの展開も増えている。永さんは「本屋さんならどこでも」と言って、時間・事情さえ許せばサイン会をやってくれるが、やはり昔ながらの本屋さんがいちばん好きなのだろう。「こうして大江戸線を回ってみると、どの書店さんもそれぞれ個性的だね。やりがいがある」、これはちょっと休憩したコーヒー店で聞いた永さんの感想である。

永さんから何度か聞いた話がある。昨年のサイン会のときの一場面だ。たまたま本屋さんの向かいが魚屋さんで、このときは魚屋の若主人とかけあいで本を売り、じつに楽しかったというのである(このときは残念ながら永さんだけで、ぼくも他の岩波のスタッフも行けなかった)。「アレがいいんだ。商店街の人たちが出てきて、ワイワイやるのが活性化につながるんだ」「お互いに手伝いあうとか、もっともっと、商店街らしい工夫をすれば面白くなるんだよ」、この永さんのメッセージはぜひ伝えたいものだと思っている。

※　※　※

牛込神楽坂・芳進堂に着くころ、もうあたりは暗くなりかかっていた。依然として雨は冷たい。あまり人がいなかったので、一瞬ドキッとしたが、なんということはなかった。数人ずつとはいえ、次から次に、人が湧いてくるのである。狭い街路なので、かえってちょうどよかった。さすがに神楽坂、現役の芸者さんも来てくれた。

もう終わろうかというギリギリの時間に、文泉堂のサイン会に間に合わなかったので追いかけてきた、という女性2人づれが飛び込む。文字通り、「追っかけ」だと大笑い。せっかくだからというので、ツー・ショットをサービス。

最後の目的地、都庁前・末広堂。さすがにここは予定時間からちょっと遅れ、その分、永さんはトークを大サービス。店に入るなりすぐさま、「お嫁さんはお姑さんに、お姑さんはお嫁さんに1冊ずつ、板挟みの旦那は2冊買ってください」とお客を湧かせる。午後6時、書店さん用のサインもすませ、拍手に送られて出るときには、外はもう真っ暗であった。

かくして大江戸線一周サイン会が終了した。

雨は1日止まず、夜はみぞれになるという最悪の天候だった。自然現象とはいえ、何とも恨めしい。しかし、それを吹き飛ばしてあまりある熱気だったと思う。何はともあれ、永さんに感謝である。

※　※　※

それにしても、永さんのヴァイタリティには脱帽である。永さんは前日、広島から最終で帰京し、翌日は秩父で講演会が予定されていて、この日だけが休養日だった。それをこのイベントにあててもらったわけだ。

永さんが「本屋さんの応援団」を言ってくださって以来、各地の本屋さんからサイン会依頼の話がよく来る。ただ、あまりにも忙しく、そのサイン会のために旅の日程があるわけではないから、残念ながらお応えできないことのほうが多いし、予定じたいがギリギリまで動く。今度のような特別のイベントでさえ、告知期間はほとんどなかった。永さん自身は、旅先でゲリラで飛び込みサイン会のほうがおもしろいと言っている。これからは突然、予告なしに「サインしましょうか?」と書店をたずねることが増えそうである。そこから新しい関係が生まれるといいなあと思う。そして、この「応援」を一時のイベントとするのではなく、何かを学び、今後にどう生かすか、考えるべきはわれわれ出版業界の人間だとつくづく感じている。

2 「淡谷のり子さんはいい女でした」 人間関係の三部作となる

結果としての「三部作」

さて、「六輔ワールド第二幕」は『夫と妻』『親と子』二冊同時刊行に始まり、そのサイン会でのリクエストが『嫁と姑』につながって、結果としての三部作となりました。結果としての三部作というのは、この三冊、人間関係をテーマとしていたからです。

そもそもの二冊、『夫と妻』『親と子』は、永さんが「人間関係のヨコとタテをいっしょにやろう」と言ったことから始まっています。異例な二冊同時刊行となって、「六輔ワールド、第二幕！」と銘打つにふさわしい賑やかな船出になりましたが、編集の苦労はさておき、何より著者が大変。いかに練達の放送作家とはいえ、簡単ではなかったはず。しかしむしろ、嬉々として楽しんでいたようにさえ見えました。それゆえでしょうか、この二冊、いつにまして闊達で、彼の「やさしさ」がよくあらわれた本になりました。

ちなみに本づくりのありようでは、この二冊から雰囲気が変わります。それまでは語録だけをまず並べ、対談や講演録が続くという構成でした。『夫と妻』以降、講演・トークを軸に編成し、語録はその流れのなかに配置することになります。これによって、ストーリー性がはっきりし、メッセージが明確になるという利点があったのではないか。それぞれの本で、魅力の中心となるものがはっきりするのはそれゆえでしょう。

結果として、『夫と妻』は三〇万部(一一刷)、『親と子』二七万部(八刷)に達します(ともに二〇一八年一二月現在)。前節で述べた全国各地のサイン会といった話題性も大きな役割を果たして、永さん本の人気の健在ぶりをうかがわせます。

感動した追悼講演

わたしが思うに、『夫と妻』最大の魅力は淡谷のり子さん追悼の講演です。エピソードのおもしろさもさることながら、視線がとても温かい。読んだ人たちから、「淡谷さんの話はいいねえ」という感想をずいぶん聞いています。

ところがあやうく、カットされかねない状況が生じました。それはなぜか。タイトルを変更したからです。もともとは『男と女』で、そのタイトルのもとに進行していました。たしかに人間関係のヨコというなら、そのほうが広い。ところがだいぶ進行したところで、某作家が同題名の本を出すことが判明します。永さんは重なるのを嫌い、それで少しずらして『夫と妻』としました。しかし、タイトルを変えると、「いい女の話」という位置づけだった淡谷さんの話が微妙になってくる。永さんはこれを落として、差し替えようかと言う。わたし「こんないい講演を外すなんて、とんでもない！　絶対入れましょう。本のタイトルなど気にしなくていいです」。永さん「君がそう思うなら残そう」。もっとも永さんは、ただ言ってみただけかもしれません。

この講演、ときは一九九九年秋、舞台は松本浅間温泉の神宮寺「浅間尋常学校」（住職＝高橋卓志さんが始めたユニークな学習イベントで、一九九七年から二〇〇七年まで全一〇〇回開催。永さんはこの「校長」を務めた）。淡谷さんの訃報に接した翌日の講演で、淡谷さんと津軽三味線の名手＝高橋竹山《ちくざん》さんをめぐる逸話、そして作家＝水上勉さんとの交流など、心に響くエピソードがつぎつぎに語られます。そのなかから、ひとつだけふれます。

沖縄・座間味《ざまみ》のコンサートのこと。きっかけとなったのは、島を訪ねた永さんとあるおばあさんが交わした会話でした。座間味は沖縄戦で激戦地となったあげく、集団自決を強いられた悲劇の島です。そのおばあさんは辛うじて生き残ったのだという。

「永さん、あなたは淡谷さんの司会をしているんだってね」

「はい、しています」

「淡谷さんに伝えてほしい。こんな田舎のこんな島に、淡谷さんが大好きで、淡谷さんが元気だったらわたしも元気を出せる、というばばあがいることを伝えてほしい」

当時、小劇場「ジァン・ジァン」の企画で、高橋竹山さんと淡谷のり子さんのジョイントコンサートがあり(「じょっぱりコンサート」と題した)、永さんと青森のマルチタレント＝伊奈かっぺいさんが司会をしていました。東京に戻った永さんが淡谷さんにそのおばあさんの言葉を伝えると、淡谷さん「そこに行って、そのおばあちゃんの前で歌う」。しかし、その島にはホールが無い。海岸の海水浴場にコンクリートが打ってあって、そこに音楽教室にあるアップライトのピアノを持っていけば、島中の人たちが集まることはできる。しかし、ステージじゃないから何にも無い。照明設備なんかもちろん無い。ふつうに考えれば無理に決まっている話です。でも淡谷さん「それでいい。なんだっていいから、歌う」。そこまで行きたいというなら……「よしッ、行きましょう」。かくして、スタッフの協力のもと、さまざまな困難を乗り越えて、島に向かいます。

しかし当日は大変な風と雨でした。

舞台に出た拍子に髪の毛はもうバサッとなるし、ドレスも濡れちゃう。だって、雨が降っているんですから(笑)。しかし、淡谷さんはそのなかで歌うんですよ。ちゃんと歌いきった。

そのおばあちゃんを前にして。

そのおばあちゃんとか、生き残った年寄りのみなさんがどうしたと思いますか？

淡谷さんが不動さまみたいに、厳しい怖いくらいの表情になって、嵐のなかでずっと歌いつづけている。

そうしたら、まるで打ち合わせしたみたいに、「南無阿弥陀仏・南無阿弥陀仏、南無阿弥陀仏・南無阿弥陀仏」と唱えはじめたんです。

ぜんぜん歌と合わないんだけど(笑)。

そのなかで、淡谷さんは歌いまくる。

これはそこにいなければわからないけれども、このステージは感動的でした。


「そこにいなければわからない」というのはそのとおりでしょう。しかし、これを読みながらその感動の一端を味わったような気がするのは、さすが永さんの筆力。そしてこのあと、彼らしい笑いの場面が続きます。淡谷さんは「舞台は命」と考える人、強風下であるにもかかわらず、ちゃんと着飾り、念入りに化粧した。むろん、つけまつげもしたのですが、これがけっこう高価なものだったらしい。もし風に吹かれて飛んでいったら、どうするか。「永さん、あんた、風下にいて」。探して拾ってくれと言う。本当にこんな会話があったかどうか、それは知りません。しかし、この話の流れゆえに、思いがけないエピソードが登場することになりました。

ぼくは淡谷さんの目をジーッと見ていたんです。そうしたら、あきらかに雨ではなくて、涙が出ているんですよ。「アッ、泣いている」と思った。あの人は泣く歌い手のことを、「歌手じゃなくてカスよ」(笑)。

……………

淡谷さんは、「歌い手は歌いきらなくちゃ意味がない。お客を泣かせるならともかく、てめえで泣くなんてとんでもない」という人。でも、淡谷さん、泣いているんですよ。

あとで「泣いたでしょ」「いや泣かない」「絶対に泣いた」などとやりとりしたあと、淡谷さんが言う、じつは「泣いた」のは二度目だと。それが戦争中に特攻の出撃基地=鹿児島・知覧《ちらん》に歌いに行ったときのこと。

歌うまえに、上官がこう言ったそうです。

「淡谷さんが歌っていらっしゃるあいだに、出撃命令が下りる場合があります。その場合、何人か立っていきますが、それは気にしないで歌いつづけてください」

そうしたら、彼女が歌っているあいだに、ほんとに出撃命令が下りた。

客席から一人ずつ、「行ってきます」「行ってきます」と挨拶をして、出ていく。彼らは死にに行くわけですからね。それを見送りながら、「こんな若い子が」と思ったら、「まあ、泣けて泣けて」と言うんです。

特攻隊が一人ずつ挨拶していったら、それは泣きながら歌いますよ。泣きながら歌ったという話は、そこで初めて聞きました。

あのときが初めて、きょうが二度目。


この淡谷さん追悼講演、『夫と妻』の白眉《はくび》です。わたしはシリーズ全体を通じて、講演録のベストワンと思っています。

父母に寄せる思い

『親と子』のなかでもっとも印象的なのは、父母にまつわる文章です。この本は父のエッセイを掲げて思いをめぐらせ（「Ⅰ　見つめる」）、母を偲ぶ場面で締めるという構成になっていました（「Ⅵ　記憶する」）。

永さんが父＝永忠順さんに寄せる思いは格別です。そして忠順さんもまた、六輔さんを見つめていた。彼の放送を見聞きし、コラムを読んでは、気づいたことを伝える。それは電話ではなく、いつも手紙。そしてそれはしばしば長文になったという。永さん「浅草の父は、渋谷の息子と逢おうとすれば三〇分もかからないのに、何年も逢わず、しかし手紙は毎週のように届いていたのだ」。

　そのなかの一通がこの本に掲載されています。『こんにちは赤ちゃん』がヒットしていたころのもので（一九六三年日本レコード大賞）、「拝啓　六輔殿」ではじまって、永六輔の詞とは何なのかを論じつつ、タゴールの詩を引用し、「梁塵秘抄《りょうじんひしょう》」を参照しながら、大乗仏教の思想に及ぶ。出色の歌謡曲論でもあり、中身が濃い。世評のいちいちを取り上げながら、永六輔の本質をもっとちゃんと見るべきだとするところなど、深い愛情が感じられます。文面の最後にはこんな含蓄ある言葉が記されていました。「飛躍した言い方だが、古来、常識人の手によって文化が生まれているであろうか。非常識で、しかもニヒルに陥らない人たちの手によってこそ、文化は生まれているのだと思う」。

　永さんが大いに勇気づけられたことは想像に難くありません。この手紙は彼の心に深く残り、著書『寿徳山最尊寺』(三月書房、一九八二年)では「息子に「非常識であれ、しかし、ニヒルになるな」といえる坊主を尊敬する」と記しています。

ちなみにこの手紙、おもしろいのはここで終わらず、追記があること。


お止しなさいよ、そんな手紙を出すの、とお母さんに言われてしまったけれども、書いてしまったものだから、チョットごらんにいれる。ああくたびれた。


いかにも下町のご夫婦らしい、ほのぼのとした風景が浮かび上がります。そして「こういう両親に育てられたのである。そして、こういう親にはなれなかった」という結びに、永さんの父母に寄せる思いの深さが感じられました。

そして最終章は母＝永登代《とよ》さんが亡くなられたときのこと。一九九九年三月、九二歳でした。永さんはこう書いています、「父が亡くなったときは泣かなかった。母のときは泣いた」

「同じ悲しみなのに、父のときは無性に淋しく、母のときは無性に虚しかった」と。そのとき、気をまぎらわすためにつくった俳句のひとつが、章タイトルの一部とした「菜の花や父の隣で眠る母」。

わたしはご葬儀のときに初めて遺影に接したのみで、生前のお姿は知りません。とはいえ、いかにも下町のおかみさんらしいエピソードは聞いていて、自分の始末はきちんとする方だったことは、亡くなる前にご自分の死装束を縫い上げていたことからも察せられます。亡くなったあとに見つかった遺言では、「南無阿弥陀仏」と始まり、みんなにお礼を言い、「安心して喜んで御浄土へ参らせて頂きます」と結んでいました。亡くなった二週間後、永さんは『毎日新聞』(一九九九年三月二三日夕刊)に寄せたエッセイでこう書きます、「母は家族に感謝し、自分で縫った死装束を着て西方浄土に旅立った。「大往生」のあり方を教えてくれた」と(ともに同書収録)。

次のテーマをどうするか?

さて、人間関係の基本である「夫妻」「親子」というテーマ設定は、「生きる知恵」を求める読者とぴったり合っていて、成功したといっていい。では次をどうするか。

永さんのなかでは決まっていました。サイン会のときに、「嫁と姑」をリクエストされた、それに応えたいと。正直いうと、わたしはあまり賛成ではなかった。テーマが生々しくて、しかもちょっと暗い。永さんはどんなときでも笑わせて明るくする特技の持ち主だけど、笑いのめすのが難しくないか、そんな危惧がありました。わたし自身は別のプランを考えていましたが(後述)、彼はすっかり乗り気、「リクエストされるなんて、めったに無いこと。嫁と姑でいこう」。結局、その意向にしたがって、次作は『嫁と姑』に決まります。

残念ながら、『嫁と姑』はいまひとつで、結果は一五万部(二刷。二〇一八年一二月現在)。一〇万部を超えたとはいえ、『夫と妻』『親と子』に比較すれば半減しています。それはどうしてか?

ひとつはやはりテーマの難しさが関係していると思います。夫妻・親子というテーマは幅が広いから、自分なりに汲み取って、敷衍して読み取ることができます。しかし、嫁姑では、いささか古めかしく感じられるだけでなく、問題に関心を持つのは切羽詰まった状況にあるからこそで、気楽に読むことが難しい。またそれだけに、読者は具体的アドバイスを求めてしまう。それゆえだろうと思いますが、たった一通とはいえ、ある読者から「こんなことでは問題は解決しない、失望した」という葉書が編集部に届き、考え込まされたものです。期待するものが違っていた。

いまひとつ、編集の観点から痛感したのは「芯」になる文章の有無です。ご本人が言うように、永さん本の特徴はラジオ本でした。つまり断片が魅力。しかし、断片だけでは読後感が弱い。「芯」になる文章が必要で、それがあってこそ読後感が充実し、断片がいよいよ魅力を発揮する。しかし、『嫁と姑』には「芯」となる文章が乏しかった。これは本づくりの途中からうすうす気づいていて、用意してほしいと要請しましたけれど、残念ながらこの本では間に合わなかった。それもやはり、売れ行きに影響したか。
とはいえ、やはり嬉しい反応もあったことは記しておきたい。九州・大分の読者から、わたし宛てにこんな葉書がありました。冒頭の一言をみると、どうやら何かの問い合わせに返事を書いたことの御礼だったようです。

早速お便りまでいただいて恐縮しております。永さん本はほとんど読ませていただいてます。嫁と姑の本が出るそうで待っています。九十六歳まで生きた姑と三十余年すごして来て、大へんでしたが、今ひとりになって一緒に住んでよかったなと、つくづく思います。

葉書末尾に「八十七歳」と注記がありました。このおばあさんは多分、ニコニコして読んでくれたに違いありません。

奥さん＝昌子さんの訃報

『嫁と姑』に決まる前、わたしが考えていた別プランは「仲間」でした。あの人、さまざまな分野に、豊富なネットワークを持っていて、見事な関係を築いています。それだけに切り口が難しいけれども、テーマとして魅力的です。付き合い方の知恵がふんだんに盛り込まれた本をつくりたい。『嫁と姑』を終えたあと、あらためて追求すべく、具体的相談にとりかかろうと準備しているとき、それどころではない事態が生じます。奥さんの昌子《まさこ》さんが癌になり、二〇〇二年一月に亡くなられるのです。

永さんは昌子さんの癌が判明したあと、その最期を看取るまで、まったく秘していました。しかも彼は看病疲れなど毫も見せず、まったくふつうにふるまっていましたから、誰も気づきません。ただ、少し痩せてきたのではないかと心配する声があったことはたしか。わたしも講演・トークの場面で、あいかわらず会場を湧かせるものの、ふだんに比べて切れ味が悪いと感じていました。いつもならどんどん話を広げていくのに、即興性に乏しい。「体調は大丈夫ですかねえ」、親しいお仲間である著者とそんな会話を交わしたことを憶えています。

じつは『夫と妻』『親と子』『嫁と姑』のすべて、あとがきにあたるところで昌子さんが登場しています。

「あとがき」ふうの献辞　（『夫と妻』）
「あとがき」がわりの対談　（『親と子』）

「あとがき」がわりの夫婦対談（『嫁と姑』）

「妻＝昌子は、活字とはいえ、マスメディアに登場することを好まない人である」と書きながら（『夫と妻』）、存分に登場させていた。そしてそのどれもが微笑ましく、永さんの深い思いを感じさせました。

「「あとがき」ふうの献辞」（『夫と妻』）の最後はこうです。

この夫婦、二〇〇〇年で結婚四五年。

世にいう金婚式が目のまえだ。

つい最近のこと。雨のなかを地下鉄で帰宅して、改札口で傘を持って待っている昌子を見つけた。

目があって、ふたりで笑い出してしまった。

そんなホームドラマのようなことは、したことがなかった夫婦なのである。

自分がやっていることがおかしくて笑っている昌子を見ながら、「へェ、ふつうの夫婦って、これが日常なんだ」とあらためて思った。

この「事件」は（わが家では妻が夫を迎えに出るというのは「事件」なのである）、われわれ夫婦の新しいあり方を示すものである。
夫と妻の新しい楽しみが、まだまだあることの発見だった。
夫婦は、理屈では分析できない、おもしろい人間関係なのだろう。
以上、素直に、「〈あとがき〉ふうの献辞」を書いてみた。
……やっぱり、書くべきではないと思った。

ちなみに、この「献辞」の冒頭に「岩波書店の編集者、井上一夫さんと相談して、妻＝昌子に捧げることにした」と、わたしのあずかり知らないことが書かれているけれども、これは昌子さんへの言いわけか。最終行「書くべきではないと思った」はテレ隠し以外のなにものでもない。

初めて昌子さんにお会いしたのは、『夫と妻』『親と子』同時刊行の直後です。お二人で来社されて、ご挨拶する機会がありました。どうやら、どこかにお出かけになる途中で、せっかくだからと立ち寄られたらしい。一〇分もいらっしゃったかどうか、二言三言の会話にすぎませんでしたが、とても好印象だったことを思い出します。あとで永さんに「すてきな方ですね」と言ったら、彼はテレてしまい、すぐ話題を変えました。わたしは残念なことに、昌子さんとお話しできたのはこのとき一回だけです。

かけがえのない「伴侶」が逝ってしまわれたわけです。その衝撃から立ち直るには、いかに永さんといえども時間がかかるだろう、いまはそっとしておくのが礼儀だ、しばらく企画相談は控えようと。しかし、ここでまた永さんという人のただならなさを知ります。

悲しみは心の底に抱え込んで

二〇〇二年四月一五日、「昌子さん百日忌法要」が営まれます。場所は東京會舘、夕方から二時間。永さんは昌子さんが亡くなるまで誰にも知らせず、親戚さえ知らなかったというくらい徹底していました。それで、お別れをする機会がなかった近しい方々をお呼びして、「百日忌法要」を行ないたいというのが趣旨でした。

行ってみて驚きます。冒頭、「妻は賑やかな会が好きだったから」との挨拶があって、始まればもうほとんどショーです。デューク・エイセスが歌い、かつての名番組「夢であいましょう」を再現し、芸達者な人たちがスピーチで笑わせ、絶妙なタイミングで野次が飛びかい、茶々が入る。そしてそこかしこで雑談の花が咲く。わたしはひそかに持ってきた黒ネクタイをそっとしまいました。

こんなところにも永さんの個性があらわれています。彼の悲しみは想像すべくもないのだけど、それを心の底に抱え込んだまま、やるべきことはやる、笑わせるときは笑わせる。

さらに驚いたのは、その年のうちに『妻の大往生』と題した本が刊行されたこと(中央公論新社)。この時期にまとめたんですか？　しかもほかならぬ昌子さんをテーマに！　これは昌子さんに対する「供養」というべきなのでしょう。しかし、そのときわたしは、やはりお辛いだろうなという気持ちが先に立って、この本に平静に向かい合うことができなかった。刊行当時はついに読めないままに終わっています。

ともあれしばらく、企画相談は頓挫します。わたしとしては、これまでの流れとはいったん切り離して、充電が完了するまで待とうという心持ちでした。幸いにして、全国各地のサイン会はその後も断続的にあり、話をするチャンスはそれなりにあるからと。

少し時間をおいたことは、結果として、わたしにとっても有益なものになりました。それまでの経験を点検することで、彼の語りの意味を問い直す機会になったからです。

marina
tsuna
go

Ⅳ 「旅暮らし」と「ラジオ」の人

～永六輔さんのメッセージをたどる

本章ではまず、二〇〇三年、佐渡に旅したときのエピソードからはじめます。この旅はいまも忘れがたい。永さんのキーワードである「旅暮らし」と「ラジオ」について、あらためて思いを巡らす機会となり、それまでの経験が新たな色彩を帯びていきました。その過程をへて、『伝言』が構想され、刊行されます。この書は新しい展開といえる性格がありました。従来の成果を受け継ぎつつも、「社会を視る目」を正面に据えたからです。なぜ、このようなかたちでまとまったか。そこにはどんな思いがあったのか。その成立過程をたどります。

悔しいことに、『伝言』が岩波新書最終作になり、わたしはその後、永さんの企画を担当することはなかった。最後に、永さんの語りについて自分なりに思うことをまとめ、本書を結びたい。

1 「電波の届く先に行く」 血の通ったネットワークを体感して

宮本常一さんの教え

永さんは全国を旅する人として有名でした。彼が作詞した名曲『遠くへ行きたい』には、「知らない街を歩いてみたい」というフレーズがありますけれど、彼に知らない街があるのかどうか、そう思いたくなるほど、全国津々浦々を訪ね歩いています。そうするには 彼自身が明言しているように、学生時代に民俗学者＝宮本常一《つねいち》さんから言われた言葉がありました。

宮本常一さんは一九〇七年のお生まれだから、永さんより二六歳年上で、瀬戸内や中国山地など広く民俗調査を行なったことで知られます。やがて岩波文庫に収録される名著『忘られた日本人』をものし、佐渡では鬼太鼓座《おんでこざ》結成に関わることになりました。永さんが学生時代に親炙《しんしゃ》したときは四〇代なかばのはずで、いよいよ気鋭の研究者として脂の乗り切った時期。

永さんは当時、民俗学の世界に惹かれていたらしい。しかし、彼はすでに、アルバイトしていた放送の世界にのめり込んでいました。進路に悩み、迷っている永さんに対し、宮本さんは永さんにこうアドバイスしてくれたそうな。「放送へ行きなさい。これからは放送の仕事が重要になる」。そして次の言葉が大切でした。「ただ、注意してほしいことがある。電波はどこへでも飛んでいく。飛んでいった電波の先に行ってみなさい。飛んでいった電波の先ではどんな生活があるのか、どう暮らしているのか。それを見て、話を聞いて、そこで考えなさい」。

この宮本さんの言葉は永さんの心に深く刻まれました。「電波の飛んでいく先に行け、スタジオでものを考えるな」、これが彼の放送を貫く姿勢になります。このエピソード、わたしは何度も聞く機会があり、そのたびに感動しました。宮本さんはすごい。そして、それを見事に生かし切った永さんもすごい。

かくして永さんは旅暮らしの人になりました。人と出会い、暮らしを知り、ともに語らう。そしてそれが彼の知恵の言葉の源泉となり、いよいよ「伝える人」としての真価を発揮していく。わたしにとって、その一端に触れた思いを抱く旅があります。二〇〇三年秋、佐渡への旅がそれでした。

佐渡で本間雅彦さんに会う

一〇月のある日、永さんが来社されて、わたしに訊く、「佐渡に君に紹介したい人がいる。来ないか？」　このお誘い、二重の意味でめずらしいことでした。ひとつはサイン会がらみではなかったこと。いまひとつは誘い方です。彼がわたしを誘うときは「いつどこそこへ行くけど、君は来ても来なくてもいいよ」と冗談めかすのがつねで、こんなにまっすぐ訊くことはめったにありません。むろん即答しました。「はい、ぜひ」。

紹介したいという人は本間雅彦さん。長く佐渡農業高校（当時）で教鞭をとられた郷土史家で、鬼太鼓座の生みの親のおひとり。一九九七年に設立された鼓童《こどう》文化財団では発足当初からずっと評議員を務められた方です。永さんは佐渡に通うなかで、彼の人となりに感銘を受け、彼の仕事をぜひ本にしたいと思ったらしい。永さん「ぼくの講演なんか聴かなくていいから」。

本間さんにお会いしたときのことはいまも鮮明に覚えています。そのとき八六歳のはずですが（一九一七年のお生まれ）、まさに矍鑠《かくしゃく》という言葉がふさわしく、とてもそんなお歳とは思えなかった。いろり端で存分にお話をうかがい、鋭い発想に何度も頷きました。みずからの郷土＝佐渡を見つめつづけ、高校生を教えながら思索を巡らせた人の経験は貴重です。この人、もともとは文化人類学を志していて、学生時代に台湾の先住民＝高砂族《たかさご》（当時の呼称）を研究すべく、現地調査したことがあるとか。「この学問では現地調査がとても大切。わたしのはいささかアームチェア人類学で、忸怩《じくじ》たるものがある」などとおっしゃる。どうしてか？　「父が戦犯になってしまったから、佐渡を出ていくのが難しくて」。フィリピン戦の責任を問われた、かの本間雅晴中将の息子だったからでした。

そのとき、とても興味深い話を聞いています。わたしは軍人の家に育った、世の中の人は軍人は戦争をしたがると思いがちだけどそうじゃない、本当の軍人は戦争の悲惨さをよく知っている、だからそれを避けようとする、戦争を起こすのはむしろ文民なのだ、云々。これはちょっと盲点を衝かれた思いでした。そういえばアメリカでも、湾岸戦争のときに慎重だったのは軍人出身のパウエル（当時、統合参謀本部議長）だったなどという連想が頭をよぎります。文民だからといって平和主義者ではないことは、いまの政治家たちを見ていてもよくわかる。「じつは軍人の家というテーマで書いたことがあって」云々。こうなるとわたしとしては、そっちのほうに興味がある。「そのテーマでまとめませんか？」　彼は、あれは身内のために書いたものだからと苦笑し、「やはりやるなら人類学・民俗学でやりたい」。「それはそうですね」と頭を掻いたものでした。

このとき永さんは、わたしを紹介してすぐに講演に向かい、話が一段落するころに戻ってきて合流しています。そしてしばらく歓談。その情景を見ながらつくづく思う、そうか、彼はこういう方々と交流を深め、彼の知恵の言葉の源泉となっているのかと。

本間さんにまつわるエピソードは『伝言』に一か所出てきます。

旅をしていると、方言のなかに、ホッとする言葉と出会うときがある。

佐渡で、民俗学の本間雅彦先生夫妻にお話をうかがったとき。

自分たちの「結婚」のことを、「ねんごろ添い」とおっしゃった。

「わたしどもは、〈ねんごろ添い〉で……」という言葉のなんという優しさ。

正確には、方言というのとは違うかもしれないが、地方の文化に根づいた言葉という意味では同じだろう。

その感動を、帰京してから、小さん師匠に伝えた。

「いいなァ、ねんごろ添いなァ、ウン、いい言葉だなァ」

そして、つぶやいた。

「オレんとこなんざ、〈くっつきあい〉だなァ」


本間さんとはその後、何度も手紙をやりとりすることになりますが、結局、企画としては実現しませんでした。誠実なお人柄に感銘を受けただけに、とても残念だったことを思い出します。本間さんは二〇一〇年、九四歳で亡くなられました。

生かすも生かさないも君しだい

本間さんとの出会いは、あらためて永さんのネットワークについて思いを馳せる機会になりました。その広さはいうまでもありませんが、つねに血が通っていて、フランクで温かい。そして彼は、みずからのネットワークを構成する人たちが相互に結びつき、新たな関係をつくっていくのをとても喜んだ。「永さんのおかげで知り合えましたね」と言い合える方々がいかに多いことか。彼は「つなぐ人」でもあったのです。

彼がはっきり「この人の企画ができないか」とまで言ってきたのは、ごく限られていて、その最初は劇団前進座の看板俳優だった六代目嵐芳三郎《よしさぶろう》さん。時間はかなりさかのぼって一九九六年三月のこと。永さんが岩波に立ち寄り、こう切り出しました。「ぼくの大事な友人が書き溜めたものがある。とてもいい内容と思う。検討してくれないか」と。このとき彼が「ぼくの大事な友人」と言ったことをよく覚えています。彼の真情がまっすぐ伝わり、その場ですぐ検討を約束しました。もっともこのとき、不思議な問答もしています。永さん「君は歌舞伎に詳しい？」 恥ずかしながら、わたしにはまったく疎い世界で、そもそも観たことが無かった。「じゃ、君には無理かな。誰か別の人に頼んだほうがいいのかな」。俄然、ファイトがわきました。「広く読んでほしい本なんでしょ？ それなら素人であるわたしがおもしろいと思えなきゃ、ダメなんじゃないですか」。永さんは「それも道理だ」と呵々大笑。かくしてわたしが担当し、初めて歌舞伎の本をつくることになります。しかし、本づくりが本格化するまえに著者＝芳三郎さんが急逝されるという痛恨事があり（享年六一歳）、『役者の書置き』（岩波新書）と題して刊行されたのは彼の一周忌でした。永さんはその「序文」を引き受け、「貴方は僕の記憶の中で、鮮やかな、いぶし銀の芸をみがいています」と記し、彼の早すぎる死を悼みました。

この『役者の書置き』については思うことが多々あり、書くべきことが多いのですが、ここでは「つなぐ人」＝永さんの話に絞ります。じつは、「いい仕事をしているから」と知人を出版社に紹介するのは、何も永さんに限ったことではありません。しかし、そのつなぎ方がいかにも永さんでした。カラッとしているのです。芳三郎さんのときは事情が事情でしたし、相談すればきちんと応じてアドバイスしてくれました。水面下でいろいろ協力してくれたこともあとで知ります。しかし、自分から「どうなっている？」と訊いたりしない。つまり、いったん道をつけたら、いわば「あとは君が勝手にやりなよ」という姿勢でした。むしろん気にかかっていたに違いないが、それは口に出さない。決して押しつけず、焦らせたりしない。これは本間さんのときも同じです。お会いした直後に話題にのぼるのは当然ですけれど、あとはこちらから報告しない限り、何も言わない。「生かすも生かさないも君しだい」、永さんはそんなふうに見てくれていたと思しい。この姿勢は徹底していて、ときに紹介したことを忘れているのだろうかと思いたくなるほどでした。

これはプレッシャーをかけないということと同時に、恩に着せないということです。彼のネットワークのおかげで、演劇評論家＝矢野誠一さんに出会い、フォークシンガー＝小室等さんと親炙し、マルチタレント＝伊奈かっぺいさんと知り合うなど、わたしの編集の幅が大きく広がりますが、このときも「そう、よかったね」とニコニコするのみ。そしてさりげなく援助してくれる。亡くなられた直後、伊奈かっぺいさんから永さんの思い出を綴った一文が届き、そこには「岩波と縁ができたのは永さんのおかげだったことをつくづく思います」という趣旨の一言がありました。まったく同感。あらためて彼の親切を思ったものでした。

道はつける、そのあとは君しだい。これは出版に関わることだけでなく、彼の姿勢全般に通じる大事なキーワードのように思えます。彼はどこかで、「ぼくは人を育てるなんてことはしない。ただ、その人が勝負するための場は提供する」という趣旨のことを言っていたはずで、それを知って深く納得したことがありました。たしかに「育てる」という言葉にはどこか「上から目線」が感じられます。ぼくはそんなことはしない、しかし、手伝いはしようと。しかもそれをサラッとやる。たとえば、シンガーソングライターである芸人、オオタスセリさん。あるとき、永さんから「明日空いてたらラジオで歌って」と気軽に言われた。弾き語りを始めてまだ三か月だったけど、生放送で歌ったら評判になり、ＣＤデビューにつながったそうな。永さんはその後、「歌が下手で、ギターが下手なおばさんが歌います」と紹介して、客を湧かせるのがつねだったそうです(「永さんの一滴」『週刊金曜日』二〇一七年七月七日号)。彼はしっかり「場」を提供していました。こういった証言はわたし自身、いくつも聞いています。

佐渡「鼓童」でのワークショップ

さて、佐渡の旅は、本間さんとの出会いにくわえ、いまひとつハイライトがありました。太鼓集団＝鼓童でのワークショップです。場所は「鼓童」の稽古場になっている旧小学校。鼓童の団員が座り込み、永さんとの問答のかたちで話が進む。一般向けの講演と違い、会話しつつのトーク。この場に同席したわたしにとっても新鮮な経験で、永さんの新たな魅力に接した思いでした。とくに彼の舞台に対する感覚がよく出ていて、そうか、そう考えるのかと目を開かされたものです。

のっけに永さんが問いかけたのは、鼓童の舞台はアートかエンターテインメントかということ。「みなさんはどう考えている?」　団員は意表をつかれて考え込み、「アートじゃないですね。エンターテインメントそのものじゃないかもしれないけれど、その要素は強い」。「それじゃ、もっとお客にサービスしなきゃ。そのための大事な武器は言葉。もっと言葉を磨かなくちゃいけない。そのためにしゃべる訓練をすべきです。たとえば、若手落語家はたとえ客が一人でもやったりするでしょ。人前でしゃべる回数を増やすことが大切なんですよ」云々。

このやりとりを聞きつつ、ふと思い出すことがありました。そういえば、かつて彼はアートかエンターテインメントかをめぐって論じたことがあったなと(「秋・芸術は祭りか」、前掲『もっとしっかり、日本人』)。

NHKの「紅白歌合戦」、あれ、毎年必ず、「われわれアーチスト……」といいます。「われわれはアーチスト精神に則って……」といいます。アーチストっていう言葉があそこに出てくると、私、正直いって耳障りです。

横文字なら「エンターテイナー」で十分なんですね。アーチストとエンターテイナーでどっちがランクが……なんてもんじゃありません。人を楽しませる力を持っている素晴らしい人、それを「エンターテイナー」といいます。私は「紅白歌合戦」の出場者はアーチストではないと思います。エンターテイナーであるべきです。

言葉はきちんとすべきだという永さんの主張がよくわかる。そしてこの考えはずっと一貫していたとわかります。

　こうしてステージのありようをめぐって、さまざまな話題が縦横に展開していきました。このワークショップ、そのすべてを通じて和気藹々《あいあい》、笑いが途切れません。それでいてというか、それだからこそというか、団員の方々の視線は真剣で、食い入るように見つめている。いまも記憶に鮮明なすばらしいシーンでした。

　そのなかから記憶に残るキーワードをふたつ。ひとつは、ぶっつけ本番の舞台と、練習を重ねた本舞台はまったく別物で、決していっしょにしてはならないということ。じつは前日、佐渡の名刹大慶寺《たいけいじ》の本堂で、永さんと「鼓童」団員五人とのジョイントコンサートがあり、これはリハーサルどころか、事前打ち合わせもないぶっつけ本番。当意即妙のやりとりに客席は笑いに包まれ、大いに盛り上がりましたが、終わったあとの楽屋で「こうすればよかった、ああすべきだった」と反省する団員がいたらしい。彼は言う、「そんなことしたら気が滅入るだけ。稽古をしないおもしろさなのだから、もしうまくいかなかったとしても、出ているほうの責任はいっさい無い」。基本的なことは全部、身につけたというベースのうえで、たまにはみんなでバカ遊びもするという性格なのだ、云々。そして、次の言葉が重要でした。いちばん大事なのは、このおもしろさは本当に稽古を積み重ねた本舞台の魅力とは違う、と意識することなのだと。「とくに若い人には間違えないでほしい。こうしたステージと本舞台とをごっちゃにしちゃダメだよ」。

いまひとつは、ブレーンの大事さを言ったこと。これはある団員が「さらに幅を広げる演奏活動をするにはどうしたらいいか」と質問したことに関わります。彼はその前提として、いろいろな分野の人たちと交流する大切さを指摘しました。太鼓集団なのだから、ブレーンというと、楽器やステージなど演奏につながる人たちを連想しがちで、それもむろん重要だけど、それだけでは狭くなる。学者やエッセイスト、職人や芸人といった、直接には関係のない人たちとの付き合うことで幅が広がる、云々。そして話題は落語・浪曲・講談に及び、浪花節『佐渡情話』から「たらい舟」の話になって、舟づくりに必要な竹の産地やその職人さんがいまどんな状況にあるかといった話につながっていく。そしていわく「こういう話、知ってた？　こういうことを知っていることが幅につながる。そのためにも、興味を広げて、いろいろな分野の人たちと付き合いを深めることが大切なんです」。

こうした話題が自由自在に広がっていくところはさすが永さん。同時に、厳しく言うべきところはピシッと指摘していました。彼のやさしさと厳しさがよくあらわれていて、わたしもすっかり引き込まれました。そして最後にエールを送ります。「太鼓」の語源をたどれば、人をはげます貴く大切なものという意味だと言い、だから「大勢の人がはげまされて帰っていく、そんなコンサートであってほしい。はげますとともに、ときに戦ってほしい、そして、慰めてほしい。ときどき、色っぽくね」。

「これは君たちの舞台なんだ」

この佐渡「鼓童」でのやりとりを聴きながら、わたしのなかで連想が広がりました。永さんの舞台に向かい合う姿勢であり、見つめる姿勢です。そういえばかつてこんな風景を見たなあと。

まず、『商人』を編集しているときのエピソード。

埼玉・所沢で公演があり、そこに原稿をとりに来てほしいと言われたことがある。わたしが行ったとき、ちょうど打ち合わせの最中でした。「すぐ終わるから、ちょっと待っていて」。若手の漫才コンビと、幕が開いたときの出について決めていたようで、彼らに訊いている。なんせ永さんですから、若手二人はもう直立不動。ハイッ！　ハイッ！　という雰囲気です。それをたしなめていました。「これは君たちの舞台なんだ、君らがやりたいことにあわせる。ここはこれでいいの？　それともこうするか？」決めるのはお前たちなんだぞと言っている。厳しいなあと思いつつ、これが永さんのやさしさなんだなと思いました。舞台である以上は、客にどこまでどうサービスするか、それをちゃんとやらなければダメだ。それを教えていたんですね。

そして、全国サイン会の時期、東北の講演会でのこと。

こうした講演会では当然、講師控え室が準備されていて、そこでコーヒーでも飲んで待機してくださいというのが定石ですけど、彼はそうはいかない。「ぼくの前は何をやってるの?」すぐ舞台の袖に行きました。係の人は慌てて椅子を用意し、彼はそこに座って舞台を見つめる。いつも感じるけれど、こういうときの彼の目は厳しく鋭い。とても声をかけられるような雰囲気じゃありません。地域のグループと思しい人たちが太極拳の演武をやっていました。それが終わって退場してきた人たちは、袖で永さんが見ていたことを知ってビックリします。しかも永さんはすぐ、話のマクラに太極拳のことをしゃべりましたから、みんなもう大喜びでした。

言いたかったのは、いくら一所懸命とはいっても素人さんの演武なんですよ。それなのに、ジーッと何者も見逃さないという姿勢でいたことなんです。そんな姿勢はすぐに伝わるもので、だからこそ、演武をした方々、みんな感激したんです。

このふたつのエピソード、前者は出演者としての話であり、後者は見つめる視線の話だから、性格は違います。しかし、舞台に対する姿勢ということでは共通していると思う。一流だろうが駆け出しだろうが、プロだろうがアマだろうが、舞台であることに変わりはない。同じことなのだ。たぶん永さんはそう考えている。

「十人という集まりが大切」

さて、旅の話に戻します。

永さんはかつて、一年三六五日のうち三〇〇日は旅暮らしだと言っていました。ラジオの生放送番組を持っていて、そのときは東京にいなければならないわけですから、それ以外の日はすべて旅をしているに等しいことになります。ここに宮本常一さんの言葉があるとはこの節冒頭で書いたことですが、大事なのは「そこに暮らす人の話を聞く」ことでした。じつは宮本さんはこんな言い方もしたという。「マスコミにかかわっている間、小さな集会、いろり端で十人という集まりを大切にするのが義務だ」云々。つまり表面だけを見ているのではダメだ、フェイス・トゥ・フェイスというか、少人数での語らいこそ大事なのだと。永さんが「ＮＨＫのテレビに出ると平均して一千万人の人が話を聞いてくれる時代だけに、この言葉は重かった」（前掲『寿徳山最尊寺』）。この言葉を彼はしっかり受けとめます。市井の人たちとの交流、これこそが彼の旅の真骨頂でした。そういえば、本間さんとの語らいがまさにいろり端だったことは象徴的です。

こうした姿を見ていると、あらためて彼の「ご近所」感覚を思い出します。重なり過ぎてはいけないが重なるところが必ずあって、腹蔵なく語り合える人間関係。下町っ子＝永さんは、いわば、全国に「ご近所」をつくりだしたのではないかと。全国サイン会のときも、予定された講演などとは別に、地域のサークルに顔を出すことがしばしばあり、わたしも何度かおともして、その思いを強くしたものです。Ⅲ章第1節で、イベントの第一日、講演会のあとに馴染みの喫茶店に場を移し、トーク・サイン会をやった云々と記しましたが、これはその一例。「やあやあ、久しぶり」、笑顔で迎えられ、楽しく話が弾む。みんな、永さんを待っていたのです。こうした気さくな関係が全国津々浦々に存在していたと思しい。

いつ、どんな経過で、こうしたネットワークができていったか、それはさまざまでしょうが、彼が「放送は一方通行であってはならない」と考えていたことが大きかったことは間違いないと思う。すでに触れたように、彼はリスナーからの手紙に必ず返事を書きました。いわく「いただいた手紙に込められた思いにはちゃんと応えたい」。そのうえで、ときに鋭い意見や興味深い感想に接すると、その人に会って話を聞きたいと思い、機会をみつけて訪ねるのだという。こうして生まれた新たな関係も多いはずで、わたしも思いがけない人から聞かされたことがあります。「わたしの父が療養所にいて、ラジオの感想を書き送っていたら、永さんが興味を持ち、わざわざ訪ねてくれたことがある」云々。さらに亡くなったときには、ご葬儀にまで来てくれたとか。この話を永さんに伝えたら、彼はその人をしっかり覚えていました。まさに「ご近所」感覚です。

さて、永さんのこうした姿に接しているなかで、わたしのなかに蓄えられていたものが発酵し、ようやく次作を提案する自信が生まれます。それが『伝言』でした。

2 「戦災地全部へ行きなさい」 床屋談義の達人

「社会を視る目」という要素

二〇〇四年二月、『伝言』が刊行されます。この本では、従来の成果を生かしつつも、新しい要素が組み込まれて、永さんの新書シリーズでも独自の位置を占めるものとなりました。それは「まえがき」からもあきらかでしょう。彼の思いがよく示されているので、ここではあえて全文を掲げます(傍点は原文)。

二〇〇四年。

日本国憲法は、イラクへの自衛隊派遣によって立ち往生していた。

憲法も日本語なら、その憲法の改正も、拡大解釈も日本語である。

憲法の「武器をもたない」「戦争をしない」というじつに単純明快な原則が、じっさいには無力だった。

憲法つまり日本語をどう理解し、どう曲解すれば、武器を持つ日本の軍隊が海外へ行っていいことになるのだろう?

「なにがなんでも戦争にまきこまれないことを伝えていこう」

脳梗塞でリハビリ中の野坂昭如さんからの手紙にあった。

「戦争は嫌でございます。

親孝行ができませんし、なにしろ散らかしますから」

新内の岡本文弥さんの言葉だ。

戦争を「散らかす」という一言で表現する、こうした言葉こそ、伝えていかなければならない。

その伝言である。

三波春夫さんは言っていた。

「人間はただ人を殺す気にはなりません。

わたしの場合、戦場にいて、戦友が殺されたとき、その瞬間、鬼になります。

平気で人が殺せます。

そのことが、戦場体験のない人には理解できないですね」

この体験が語り伝えられていない。

文化の伝承というのは、しっかりした伝言があってのことだと思いつつ。

そして目次はこうなります。

「まえがき」のみならず、目次からもそれまでとはいささか雰囲気が違って、いわば硬派の印象があるかと思う。「生きる知恵」を中核としながらも、「社会を視る目」を強調するものになっている。むろん、医者のかかり方とか、老いや病気を生きる工夫といった、これまでの流れに沿った話題も登場していて、知恵の本であることは変わりません。バラエティ構成であることも同じです。しかし、社会的話題がふんだんに登場し、ラジオを中心にメディアの話もひとつの核となったことが重要でした。

こうしたかたちでまとまるには、オビの惹句「いま一番言いたいことを書きました」に示されているように、永さんの強い思いに支えられています。彼は、いまこそ言わねばならないと考えた。そして、この方向でまとめることは、わたしにとっても張り切る理由になります。というのは、わたしがかねてから実現を願っていたテーマに重なっていたからでした。行論の都合上、その話からはじめたい。

永さんの時評の鋭さに舌を巻き、その方向でまとめられないかと思ったのはかなり早い。じつは、『二度目の大往生』をめぐる顚末でふれた「書いてほしいと思うテーマ」(四五頁)とはこれでした。当時、わたしのイメージの原点となったものがあります。ひとつは、NHK番組のトークをまとめた『もっとしっかり、日本人』(前出)、そしていまひとつは、岩波新書『戦後を語る』(一九九五年)でのインタビューです。

「日の丸・君が代」のこと

最初に『もっとしっかり、日本人』のこと。現代社会の大問題をここまでわかりやすく、おもしろくしゃべれるものかと唸ったものですが、そのなかで、とくに印象に残ったひとつが「日の丸・君が代」の話でした(「日の丸・君が代・冬季五輪」)。

「日の丸」。明治維新のとき、戊辰《ぼしん》戦争が起きます。追い詰められた旧幕府軍は函館の五稜郭《ごりょうかく》にこもり、ここで最後の戦闘が行なわれる。このとき五稜郭には「日の丸」が翻っていた。「錦の御旗の官軍が攻めて日の丸が降ろされて五稜郭は開城されます。函館市民がやっているイベントやお祭りでも、それと同じことをやっていますが、そこでは日の丸の旗は、なんと賊軍の旗になってます」(同書)。たしかに「日の丸」はもともと、徳川幕府の船印でした。咸臨丸《かんりんまる》が初めてアメリカに渡るときに掲げていたことはよく知られています。しかし戊辰戦争のとき、官軍に対する抵抗の象徴となったことには思いが及ばなかった。

あとで永さんとこの話題で盛り上がったことがあります。「あの話にはびっくりしましたよ。官軍つまり明治政府が日の丸を引きずりおろしたわけですか」と言ったら、彼は笑いながら、「そう、会津だって、日の丸を掲げて戦った。だから、日の丸は〈血塗られた〉〈抵抗の旗〉と思って掲揚すればいいんだ」。

そして「君が代」。なぜ歌いにくいか？ なぜ声が揃わないか？ 君が代は雅楽《ががく》だからで、雅楽は中国発祥。中国の旋律にむりやり日本的な五・七・五をはめこんだから無理がある。無理があるから母音を伸ばす。しかし、朝鮮半島のパンソリという古典的な歌い方をすると、ちゃんとおさまる。つまり、「中国の旋律に、朝鮮半島の歌い方をするとぴったり合う歌」であり、「『朝鮮半島で日本が何をしてきたか。中国に対して、こちらは何をしなければいけないのか』という思いを含めて歌える、そういう不思議な、たいへんユニークな歌だと音楽家が説明してくれました」。

このトーク、さすが永さんと思ったのは二点。ひとつは舞台がＮＨＫの放送だったこと。

当時から、公式行事で国旗掲揚や国歌斉唱を義務づけようとする動きが顕著で、政治的争点になっていました。ほかならぬＮＨＫ、「偏向」という抗議をおそれて、話題にすることじたいが避けられがちなのに、彼は正面から堂々と論及した。ここに彼の硬骨を感じます、いわば「火中の栗」を拾っている。

しかもその拾い方が巧みです。ちょうど開催中だった冬季オリンピックをマクラにしつつ、淡々と語っていました。そして言う、「私は、日の丸・君が代をどうしようというい方をしているんじゃないんです。「あれ、こんなふうになっていたんだ」、そういう音楽的側面、あるいは歴史的側面というもの抜きで、論争されてしまうということがくやしくてしようがないんですね」。

社会的争点であればあるほど議論が性急になり、賛成か反対かだけを問われがちです。尖鋭といえば聞こえはいいが、じつは薄っぺらだったりする。多方面から捉え直して庶民の知恵にしていくべきだ、という永さんの主張は示唆に富んでいました。

この「君が代」の話は『芸人』でも登場しています。ＮＨＫの放送のときはさすがに語り口がやわらかで、表現を工夫していましたが、ここではもっとはっきり言っている。「これは中国の曲なんだ。ご迷惑をおかけしました」「これは朝鮮半島の歌い方なんだ。ご迷惑をおかけしました」、そう思いながら歌うと、すばらしい歌であり、「アジアのみえる歌」なんだと。そして「この説は、右翼も左翼も嫌います」と付け加えるところが永さん。

こういったテーマで講演するとき、永さんはときに笑いのめします。硬くなりがちなテーマで、身構えてしまいそうだからこそ、笑わせる。笑わせることで心をほぐし、柔らかにする。たとえば彼は、「君が代」のメロディと歌詞を変えないで歌いやすくするには、母音伸ばしをやらず、どんどん言葉を埋めちゃえばいいと言う。一音一語で歌うとメロディが余るから、あとは「苔のむすまで」をリフレインすればいい。そうすれば、メロディもそのまま、歌詞もそのままで、歌いやすくなる。これを彼は講演のなかで実際にやってみせたことがある。まったく別の曲に聞こえて会場は爆笑でした。見事な芸当、あの人、まさしくエンターテイナーでした。

ちなみに『伝言』ではこんな語録が登場することになります。

「アメリカ国家のメロディに、君が代の歌詞をはめ込んで歌ってごらん。
とても気分が出るよ」

アメリカ追随の日本政府に対する痛烈なジョークとも言えますが、それを笑いにまぶしているところが秀逸。こう言われると、ためしたくなるもので、わたしも小声で歌ってみました。たしかにうまくはまります。

「重箱の隅をつっついてみる」

つぎに『戦後を語る』。この本は一九九五年六月、戦後五〇年という節目にあたって、二六人の方々に執筆をお願いしたオムニバス企画です。

じつはこのとき、永さんはあまり乗り気でなかった。「周年企画」という発想が嫌いだと言う。わたし「その考え方じたいが興味深い。それを語っていただけないか」。強引に頼み込み、了承していただきました。インタビューしたのは喫茶店の一角（東京・霞ケ関。二月一四日）。

なぜ、戦後五〇年という括り方が嫌か？　節目の年だから話題にするというのでは、そのときだけのものになってしまう。ふだんから考えるべきなのだ。また、端数の年に起きた重要な出来事が忘れられたり、消えていったりすることにつながりかねない。それがとても気になる。ではまったく意味が無いのか？　そうではない。ただ単に振り返るというのではなく、いまの状況を見据えて、スタート地点にもどって考えてみる。それなら大きな意味があるだろう。「前を向いたまま五〇年後退するべきです」。

話はこんなふうに始まり、さまざまに話題が広がりますが、一貫して彼の念頭にあったのは、その年一月に起きたばかりの「阪神大震災」でした(当時はまだ「阪神淡路大震災」という呼称は定着していません)。彼はいま直面しているこの問題を考えるためにこそ、戦後五〇年を捉え直すべきだと言う。

「阪神大震災の」被災者の人たちに対する補償の問題がなぜ難しいのか。奥尻・島原のことだけではなく、広島・長崎そして沖縄そしてアジアまでさかのぼっちゃうからだと思うんです。震災の被災者たちへの補償の話になると、じゃあ奥尻はどうなんだ、島原はどうなんだ、という問題がすぐ出てきます。どんどんさかのぼっていって、いつまで補償しなければならないのかということになる。少なくとも、めどとしてはこの五〇年、その間におきた、戦争をふくむ国家的災害の補償をしなければならないはずなんです。沖縄県民などはまったく何の補償もされていない。離島振興法とか、そういうのはありますよ。しかし、本当の意味の補償は全然ない。

つまりこの五〇年、国家的災害に対する補償をきちんとしてこなかった。だからいま、阪神大震災の被災者の人たちが困っているんですよ。何もしてこなかった戦後五〇年、それは外にはアジア、内には阪神大震災の補償ひとつをとってみてもわかる。

あるはずのものがなくて、ないはずのものが依然としてあるという民主主義。重箱の隅をつついていると、そんなものがみえてくると僕は思います。

奥尻島地震(北海道南西沖地震)は一九九三年、二〇〇人以上の犠牲者を出しています。島原・雲仙普賢岳の噴火は一九九一年から一九九五年、地域に大変な被害をもたらしました(火砕流で亡くなった人たちもいる)。その補償は済んでおらず、まだ解決していない。しかし阪神大震災(阪神淡路大震災)という未曽有の大災害が起きてしまうと、つい忘れられがちになる。それではダメだ、ちゃんと思いだし、遡って捉えよう。そして、奥尻・島原のみならず、少なくともこの五〇年というスパンで考えよう。そうすれば見えてくるものが違ってくる。それが彼のメッセージでした。

このインタビューのとき、彼はむろんメモなど無いまま、即興で語っています。だから話は奔放に展開し、行ったり来たりがある。しかし、それだけに永さんの思いが直接伝わりました。この臨場感を生かしつつ、どうまとめるか、わたしは興奮しつつ、整理作業に励んだものです。

このインタビュー構成、「重箱の隅をつっついてみる」というタイトルになります。彼は何度も「重箱の隅をつっつく」という表現をしていて、わたしはこれを自分自身の問題意識で、自分なりの言葉で歴史を捉え直すことだ、と受けとりました。とても大事な視点だと思う。

「ゆめ・風・十億円基金」

彼のこうした主張は、実践をともなっていました。行政が考えるべきことがあると主張すると同時に、自分たちでやれることはやらなければならない。このインタビューの直後、阪神淡路大震災で大きな被害を受けた障害者施設の復興のため、「民間障害者市民復興計画委員会ゆめ風十億円基金」が発足、彼はその代表世話人となります。

このときの呼びかけは『二度目の大往生』の語録として登場していました。これはリーフレットの文章の転載だから、永さん自身が聴き取った「記憶」で構成される無名人語録とは性格が違います。しかし、彼はどうしても「記録」しておくべきと思った。異例なだけにいっそう、彼の強い思いが感じられます。

「希望の場所、自立の家がのうなってしもたんやろ。
二十年かけて建てた作業所、
あっという間に潰れてしもたんやろ。
人間は、自然の力にかないっこあれへんけど、

こんな時こそ人の力借りよ、
それが人間なんやから。
そして、人と人とが絆をむすべる豊かな場所を、
一日も早よ創ろう！
この〈ゆめ・風・十億円基金〉は、
ひとりが十年間に一万円、
そんな人が十万人集まったら十億円！
子どもから老市民まで参加できる、
ムリせんでええリズムでゆめを風にたくして、
この基金活動は広がってほしい。
一方に、十年も待たれへん今を抱えて、
とにかく始めてみよ、
できるだけ早よお金が集まるよう歩き出そう。
今回のことだけやない、
いつ、どこで大災害が起こるか、わからんのや。
しんしんと寄せられた、

やわらかな絆のかがやく結晶……十億円、
いざ！　という時、必要なところへ、しっかり届けたい。
誰にでもわかる、活きたお金として……

と、こんなふうに呼びかけて、
長い旅路に船出します。
みなさんの応援の風を、
帆いっぱいに受けながら……」

そして彼はこうコメントしていました。

阪神大震災の前日まで僕は関西にいた。
その後、震災地の障害者施設を復興する代表世話人になったが、そのメッセージが無署名のこの文章である。
この関西弁のメッセージの説得力が基金募集に役立っている。

永さんはその後、一〇年にわたって代表世話人を務めました。ちなみにこの基金、二〇〇五年に「特定非営利活動法人ゆめ風基金」と名称を改め、二〇一二年から認定ＮＰＯ法人となります。

靖国神社へ行きなさい、戦災地全部へ行きなさい

さて、わたしのなかには、永さんのこうした語りを中心に据えた本をつくりたいという思いがありましたが、なかなか具体化するにはいたらない。『大往生』以来の永さんの新書とテイストが違うことはあきらかですから、その方向でまとめようという彼の気持ちの高まりなくしてはできるはずもなく、ましてやいいものにはならない。そう思うがゆえに、ずっと課題として意識するにとどまっていました。

これを動かしたのは、やはり永さんです。二一世紀に入って、彼の社会的発言はいよいよ鋭さを増していました。それまでも「社会を視る目」の大事さを言ってきたわけですから、姿勢は一貫していて、変わったわけではありません。しかし、世の中が変わった。世情がきなくさくなり、おかしな風潮になっている。軽妙な語り口こそ同じとはいえ、厳しさを感じさせる発信がそこかしこにあらわれてきます。いまこそきちんと捉え直そう、それを庶民の知恵にしようというメッセージが発せられている。これは彼が本気になったサインと受け取

るべきだ。わたしはそう理解しました。

その発信の一例が『朝日新聞』に寄せたエッセイです(「小泉人気　野党は言葉を武器に」二〇〇一年五月二三日夕刊。『伝言』に収録)。ここで彼は、閣僚の靖国神社参拝にふれてこう言う。

小泉首相が「どうして、靖国神社にお参りに行っちゃいけないのかなァ」とつぶやいたら、「行きなさい！　広島・長崎・沖縄にも行って、東京大空襲をはじめとする各県の戦災地、アジアまで足を延ばして、戦没者にお参りしてきたことを靖国神社に報告しなさい」と、どうして励ましてやれないのだろう。

靖国神社に祀られるのは国に殉じたと認められた戦死者戦没者だけで、しかもA級戦犯が合祀されるという政治性が関わっています。だから靖国神社参拝は単純に戦没者慰霊ではありません。しかし、一般にはその問題性が見えにくい。そのときに「全部行きなさい」というのは、庶民感情としてとても納得できる。こういう言葉の編み出し方が永さんだとあらためて思わされたものです。

そしてこのとき、大事な指摘がありました。「伝え方の技術」が必要だということ。彼は

「国会の朗読ゴッコがふつうの会話になって、政治がおもしろくなった」と言いつつ、こう続けます。

従来の政治家用語の討論に飽きてきたからこそ、国会中継の視聴率がウナギ登りになった。会話のなかで、政治家の本音がチラつくところが国民にとっての関心なのだが、この部分で、野党がその存在意義を見失いつつある。野党はまだ、自分たちの話術を身につけていない。

「野党はまだ、自分たちの話術を身につけていない」とは何とも痛烈な指摘でした。この文章からすでに十数年、依然として「まだ」であることに慨嘆せざるをえません。

「**美しいコーランを流していた**」

そして、秋山ちえ子さんと対談した岩波ブックレット『ラジオを語ろう』(二〇〇一年一〇月)。このあとがきに、こんな一節があります。

二〇〇一年九月。

アメリカでのイスラム原理主義過激派によると思われるテロで、テレビ、メディアは、いつ戦争が始まっても不思議ではない雰囲気が流れていた。イスラム教徒が、すべてテロリストのように思われていた時期、僕は自分のラジオ番組で何度も美しいコーランを流していた。そして、ラジオの先輩だった故ロイ・ジェームスが立派なイスラム教徒だったことを語った。

テレビが興奮しているとき、ラジオは冷静だった。


わたしは「美しいコーランを流していた」ということに感銘を受けました。大事件が起きてみんな頭に血が昇っているときです。「悪」を糺《ただ》すべきだと煽り、煽られている。こんなときこそ、落ち着いて冷静になるべきだとはそのとおりで、これは永さんならずとも、言う人は多かった。しかし、いまこそ、ふだん耳にしない「美しいコーラン」の響きを味わおう、イスラムとはどういう人たちなのだろうと思いを馳せてみよう、そんな発想をした人が他にいただろうか。理屈だけじゃなく、感覚レベルで共感するものが必要だ、永さんはそう言っていました。

なお、引用した文章の最後の一句、「テレビが興奮しているとき、ラジオは冷静だった」には続きがあります。

かつてヒットラーも、大本営も、ラジオを使って好戦気分を煽った。
そんな時代の記憶が残っている世代にとっては、今のテレビが恐いのである。

この言葉はとても重い。彼はその後、NHKでさらに詳しく述べます（「視点・論点」二〇〇三年二月一三日放送）。このときの放送はテレビ五〇年ラジオ八〇年という節目を迎え、あらためてテレビとラジオのありようについて考えようという趣旨でしたが、このとき彼はとても鋭い指摘をしている。単に時間の長さが違うだけではない、戦争協力をした苦い経験を持っているかどうか、したがって反省する契機があるかどうか、それを考えなければいけないと。たしかにラジオは戦時下の統制に置かれたことがありますが、テレビにはその経験がありません。それはどこかしら、放送する側の緊張感に関わってくる可能性があります。テレビとラジオの決定的違いのひとつは戦争経験の有無、言われてみればそのとおりですが、永さんの語りを聞くまで、わたしは気づいていなかった。さすがの指摘でした。

かくして緒に就く

こうして機運が熟します。何より永さんのボルテージが高まっている。これまでの紙上バラエティというかたちの安心感は踏襲したうえで、「社会を視る目」を存分に盛り込もう。本格的に編集作業がはじまったのは二〇〇三年、勇んで叩き台案づくりに励んだことはご想像いただけると思う。

このときは最初から、彼がすでにものした文章を織り込むことを予定していました。さきの『朝日新聞』掲載のエッセイをはじめとして、すでに公表された数編を配置し、それを題材に自由に綴るというかたちがひとつの核になります。やはり書いたものは密度が違いますから、有効なアクセントになると期待しました。

それにしても、それまでとは少し違う方法をすぐに自家薬籠中のものとして、よりわかりやすく、またおもしろくしていくのは、さすが永さんです。そして彼の閃きに応じて、どんどん修正・変更し、この節冒頭に記した目次建てに定まります。

ちなみに『伝言』というタイトル、それまでとは性格が違います。『大往生』以下の八冊はすべて、扱うテーマをそのままタイトルにしていました。今回はそうではなく、いわば永さんの姿勢を示す言葉になっている。含意に満ちていて、さまざまな受けとり方ができます。これはいつ、どんなふうに決まったのだったか？　なぜか、記憶がおぼろで審らかにしません。永さんの発案なのか、それともこちらの提案か、それもわからない。もしかしたら、永さんと「どうしましょうかね」などとやりとりするなかで、どちらともなく自然に浮かび上がり、「これで行こう」と落ち着いたのかもしれません。それくらいのことはできる関係になっていました。

見事な床屋談義

『伝言』を編集しながら、ふと浮かんだ比喩があります。永さんの語りは「見事な床屋談義」だと。そして、これは彼の新書すべてに通用することであって、とくに『伝言』においてその力が発揮されたと。それはどういうことか？

いま床屋談義と表現したことについて、違和感を持たれる人がいるかもしれない。この言葉、いまではやや古めかしいだけでなく、あまりいい意味では使われないことが多いからです。与太話を含む、気楽で無責任な雑談と解されたりする。しかし、わたしはあえてこの言葉を復権したい。というのは、そもそもは床屋が庶民の政治談義の場であり、庶民の知恵や感覚が試される場だったからです。裃を脱いで気楽にホンネをしゃべるからこそ、政治の話も文化の話もここで血肉化する。いわば庶民目線のフラットな会話。それが本来の意味の床屋談義だとわたしは思う。

永さんの語りとは、肩肘張らない語り口でわかりやすく説くのはもちろんながら、決して押し付けないところに特徴があります。「こう考えなさい」と声高に主張するのではなく、

「こんなこともあるよ、あれはどうなんだ」と問いかけ、「これはこのほうがいいんじゃないか、こんな考え方をすると見えるものが違ってくるよ」と話しかけている。だからこそ、みんなが「おお、そうだね、それはいいね」と反応する。彼はそんなやりとりの場をつくり出していました。これは高みからの講義よりはるかにむずかしい。わかりにくければ、おもしろくなければ、すぐそっぽを向かれる。彼はその難題に挑み、聞く人の心を開かせ、笑いのなかに大事なメッセージを伝えました。「見事な床屋談義」に喩えたゆえんです。

そしてこの手法、永さんにしかできないと思える力を発揮します。庶民感覚だからすべてが正しいとはいえない。そこには軽はずみな思い込みだってある。しかも案外自覚していないから、けっこう強固に考え方をしばります。とくに、こと政治や社会の話になると、ちゃんと咀嚼《そしゃく》していない生煮えのものが混在しやすい。永さんはこの危うさもよくわかっていました。だからこそ床屋談義の場に入り込み、うっかりしがちな本質をピシッと衝き、なるほどと納得させる言葉を編み出している。すでに紹介した「君が代・日の丸」の話など、その典型でしょう。

『伝言』からその好例と思えるものをひとつ。そしてこのエピソード、永さんの姿勢の根幹につながっていました。

本当に知っているのか?

イラクでテロの犠牲になった二人の外交官にふれたとき、彼はいまひとりの犠牲者、イラク人ドライバーに言及しています(「I きちんと」冒頭)。


日本とイラクは、信仰も違い、言葉も違う。

だったら、目に見えるかたちで訴えることも大切になる。

もしぼくが外務大臣だったら、二人の外交官とともに亡くなったイラク人ドライバーをふくめた三人の葬儀をする。

そのうえで、イラク人ドライバーの遺族に、頭を下げる。

こういう姿勢がないままに、「支援」といっても、納得できるわけがない。


この事件に関して、イラク人ドライバーについてふれることが少なく、それはおかしいという声は当時からありました。しかし、ここまでわかりやすく説いた言葉はそんなに多くなかったと思う。「国際貢献」とかなんとか、美しい言葉に騙されて、その中身は何であるか考えていない。一人の人間として自分の言葉で捉えていない。永さんはそれを言っていました。彼のこの指摘は、しっかり庶民からの目線になっていて、とても納得できます。

そしてこのとき、「日本とイラクは、信仰も違い、言葉も違う」と最初にことわっていたことが重要でした。理解するには、まず「違う」ことを意識しなければならない。簡単にわかったような気になってはいけない。ここではそれ以上の言及はないけれども、彼は「あれこれ言う前に、まずちゃんと知ろう」という姿勢で一貫していました。

このイラク人ドライバーの話を読みながら、思い出した象徴的シーンがあります。『もっとしっかり、日本人』に載っているエピソード(「「在日」という言葉」)。

永さんはあるとき、在日の友だちから不思議な質問をされたそうな。各国語で「一、二、三」を言ってみてくださいと。いったい何を訊きたいのかと訝しく思いつつ、答える。英語はワン・ツー・スリー、フランス語はアン・ドゥ・トゥロア、ドイツ語はアイン・ツヴァイ・ドライ。さらにイタリア語も中国語も言えた。ところが次の質問で、はたと詰まる。「では朝鮮の言葉で」。永さん「一番近い国の一、二、三がいえない。これには冷汗をかきました」。

朝鮮半島のことは、みんなけっこう話題にします。わかったようなことを言う人はとても多い。でもどれほど知っているのか。このとき「一、二、三が言えますか」という問いは本質を衝いていました。日常語の基本中の基本を知らず、知らないことに気づいてさえいない。じつはわたしも知らず、冷や汗をかきました。答えは「イル・イー・サム」、あるいは

「ハナ・トゥール・セッ」。

こういう問いで、こういうエピソードで、隣国のことをあまりに知らないのではないかということを伝えている。「知らない」ことを自覚しよう、そして「知ろう」と努めよう。さきに掲げた「美しいコーランを流していた」というエピソードも、文化が違うからこそ相手をよく知ろうという文脈上にあることはあきらかです。

思い込みを自覚していないと、世の中を見る目が歪む。健康な庶民感覚をつくるために、「まず知ろう」というメッセージはとてもわかりやすい。そして語り口が見事でした。近年横行しているヘイト・スピーチの愚かさと醜さを見るにつれ、永さんの姿勢がいかに貴重であるか、あらためて痛感します。

結果としての最終作

さて、こうして刊行の日を迎えます。それまでとは違う冒険的要素があるのは明らかでしたから、内心、はたして従来親しんでくれた読者に届くだろうかという一抹の不安がありました。しかし、永さんがいま言わねばならぬと思っていることなのです。『大往生』以降、親しんでくれた読者にこそ伝えたい、「生きる知恵」を求める人にこそ読んでもらいたい。そう願っていました。

とはいえ、さすがに部数はこれまでとは違うかもしれないと覚悟し、スタート部数は従来よりやや低めに設定しています。しかし、嬉しいことに永さんの思いはしっかり伝わりました。刊行直後こそそれほどではなかったとはいえ、刷を重ねて一五万部に達することになります(四刷。二〇一八年一二月現在)。あるとき、小室等さんから「この本がぼくはいちばん気に入った」という感想をもらい、大いに勇気づけられたものです。

わたしは『伝言』が新しい可能性を開いたと喜び、次作への期待が高まりました。永さんの語りに学ぶべきものはまだまだある。しかも、いよいよ「床屋談義」の魅力を発揮してほしいと思える社会状況が生まれている。どんな組立てで、どんな角度から語っていただこうか？　とりあえずはいったん休憩して、ボルテージの高まりを待ってとりかかっていただくつもりでした。しかし、その後しばらくして永さんの体調に翳《かげ》りが生じます。これでは無理はできない、体調回復と気力充実を待とう。

しかし、悔しいことにその機会は訪れず、結果として『伝言』が最終作になります。次作でぜひ検討しようと約束したテーマもありましたが、結局、実を結ばないままに終わりました。いまとなっては見果てぬ夢です。

結 「ブレない発信の人」『伝言』その後

新企画の試みが潰える

『伝言』刊行後、次作の相談までしばらく時間をおくことになったには、毎年刊行というペースでは永さんも大変だろうということもさることながら、わたしのほうの事情も関係していました。立て続けに大がかりな販売企画を立案・実行する必要に迫られ、とくに『広辞苑 第六版』(二〇〇八年一月刊)の宣伝販売活動が本格化すると、販売責任者の立場上、忙殺されるのはやむをえません。せいぜい、ときにお目にかかって雑談する程度でした。

ようやく一段落というとき、今度は永さんの体調が思わしくない。しかも、なかなか好転のきざしが見えません。岩波新書は書き下ろしのシリーズなので相当な精力が必要です。体調回復を待つのを基本としつつも、何かしら企画は考えられないものか。そのとき、あるプランが浮かびます。これまで書いたものからエッセンスを抜き出して、数冊の単行本に編成するのはどうか？ 彼の膨大な著書のなかには、貴重な時代の証言というべきものが多々あるはずで、それを一般読者が読めるように整えられないか？

じつは、本文に引用した二〇〇八年のわたしの漫筆(一三一頁)、懐かしくなって書いたというのはそのとおりですけど、この発想が生まれた時期と重なっていて、その準備メモを兼ねていました。

いま、ボンヤリと考えていることがある。永さんの名文章の集成なんです。彼の新書にはそれぞれ、「芯」になるまとまった文章がありましたが、これまでに書かれた本のなかに、いま読んでもとてもおもしろいと思えるものがたくさんあるはず。それを編成する。たとえば、「旅」「歌」「人」といったテーマでまとめてみるとか。

先日、浅草・最尊寺の寄席「永住亭《ながすみてい》」に行って、久しぶりに永さんにお会いしたときにこの話をしました。一度、これまでの著作をすべて読ませていただきたい、と。永さんにはなんせ、七〇~八〇冊になんなんとする著作があるから、どこにも揃いがないんですよ。あるとしたら永さんのお宅。フムフムと聞いてはくれたが、まだ本格的相談に入っていません。急ぎたいんですけどね、本務があるからなあ……

ここにある「永住亭」とは、永さんの生家である浅草・最尊寺本堂で催される落語会です。当時、三か月に一度開催され、若手落語家たちが芸を磨く場となり、地域の人たちの楽しみになっていました。わたしはこの時期、足しげく通ったものです（なお「永住亭」はいま、永住町町会が運営主体となって年二回開催されている)。

いつもは一言二言、ご挨拶するだけですが、この企画を思いついたとき、立ち話をする機会があって、どんなものだろうかと水を向けた。永さんはいささか面食らったようすで、いまひとつ乗り気に見えなかったけれど、しばらくして了解の返事があり、お宅にある既刊書全冊をお借りすることになります。段ボールで数箱になる分量があり、会議室の一角に専用書棚を用意して保管しました。並べてみるとまさに壮観、あらためて彼の活動量のすごさに目を見張ったものです。

それだけに、どう抜き出して編成するかを考える前に、読みこなすことじたいが大変でした。しかも読めば読むほど、それぞれの本が持つ独自の世界に引き込まれて、圧倒されてしまう。集中し沈潜する時間がほしい。しかし、本務＝営業の仕事のかたわらでは無理があり、手に余ったというのが現実でした。進行遅々のまま時間がたってしまい、やがて永さんのほうで著書を参照する必要が生じます。結局、はかばかしい成果をあげることなく、お返しすることになりました。

長きにわたって貴重な資料をお預かりしながら、無為のままに終わったことには忸怩たるものがあり、いまも悔しく残念に思う。ただ、当時はわたしの非力ゆえにかたちにできなかったけれど、いまこそ考えていい企画ではないだろうか。永さんの仕事はさまざまなかたちで蘇らせるべきです。

パーキンソン病を抱えながら

じつはさきの漫筆を書いたときは、まだ永さんの体調不良の性格がよくわかっていなかった。いわば蓄積疲労であり、精神的な疲れが関係しているのではないかと思っていました。だからこんなふうに結んでいたのです。

永さんがちょっと変わったかなと感じるのは、奥さんの昌子さんが亡くなってからです。悲しいはずなのに、そのそぶりを見せず、なんとタフな人なんだろうと思っていたけど、やはりこたえていて、それが少しずつ出てきたようにもみえる。

「幕が開けばサービスする」というのは変わらないし、ふつうにはわからないかもしれないが、ずっと見てきたぼくからすると、切れ味というか、集中力に翳りがある。なにより、終わったあとの疲れ方が前とは違う。お歳を考えれば、ある意味あたりまえなんだけど、前があまりにも年齢を感じさせなかったから、その落差にやはり戸惑う。

もしかしたら、永さん自身、いまの状況を受け入れかねているのかもしれない。それだとどうしてもムリが生ずる。とりあえずはまあ、「休養期ですよ、永さん!」と言いたい。ゆっくりゆっくりやりましょう。それからの「ニュー永さん」をこそ見たいと思ってますから！

しかし、そんな甘いものではなかった。彼は難病を抱えていたのです。やがて誰の目にも彼の変調があきらかになり、二〇一〇年、パーキンソン病であることが公表されました。病名がはっきりしてから、むしろ明るく振舞い、病気を逆手にとって遊んだりするのはさすが永さんですけれど、この厳しい状況下では、これまでのようなかたちの書き下ろしは無理だと思わざるをえません。それにしても闘病中でありながら、お仲間の支援もあって、ラジオを中心に発信し続けたことには深く頭が下がる。その後は、関係するイベントで顔を合わせたり、彼が大事にした集まりである「東京やなぎ句会」(この句会、入船亭扇橋《いりふねていせんきょう》さんを宗匠として発足し、お仲間に小沢昭一さん加藤武さん柳家小三治さん矢野誠一さんらがいらっしゃった)でお目にかかったりする程度で推移しました。

最後にお会いしたのはお亡くなりになる前年、二〇一五年六月。これはまったくの偶然です。たまたま小劇場「ポレポレ坐」(東京・東中野)に顔を出したとき、思いがけず小室等さんとのトーク・イベントに出演される車椅子の永さんがいらっしゃった。このとき永さん、ニコニコしておっしゃる、「やあ、元気?」こんなときはいつもお互いが軽口をたたいて遊んだものです。それが蘇り、あえてこう答えた。「永さんもお元気そうじゃないですか。また本をつくりましょうよ」と。「そうだね、ハハハ」。そんな会話が最後になりました。

行くべきところへ行く

永さんが亡くなられたあと、小室等さんが追悼文のなかでこう記しています（「江戸っ子永さんのブレない発信」『悲劇喜劇』二〇一六年一一月号、早川書房）。わたしはこれを読み、深く感銘を受けました。

阪神・淡路大震災の直後に生まれたNPO『ゆめ風基金』というのは、災害時の障害者に特定してサポートする組織で、設立時から十年の約束で、永六輔さんはその呼びかけ人代表であった。約束の十年目にその役を不肖小室に引き継がせ退いたが、退いた後も「永六輔を上手にこきつかいなさい」と言いながら、相変わらずゆめ風の応援団として活動された。

二〇一一年の東日本大震災の時も、その夏に永さんの要請でゆめ風が東北行きをセッティング、永さんのお孫さんが付き添い僕もお供した。仙台の仮設住宅の庭でのトークライブは雨だったが、集まられた方々は用意されたビニール合羽をまとい誰一人立ち去られる方はいなかった。翌日は亘理町、ゆめ風の資金サポートによる津波で流されたデイサービスの仮事務所に行き、永さんは夫が津波でさらわれてしまったご婦人の話を親身に聞き、最後はハグをして力づけておられた。

彼はパーキンソン病ゆえにかつてのような活動が無理になっても、行くべきところに行き、「電波」の届くところへ駈けつけようとしていた。そして、フェイス・トゥ・フェイスで話しかける姿勢を堅持していた。このときの彼の姿が目に浮かび、胸に迫るものがあります。

あらためて永さんの語りを考える

本書を結ぶにあたり、あらためて永さんの語りについて。

永さんの言葉は人を慰め、そして力づける力を持っています。『大往生』以降の新書は永さん流の「生き方講座」であり(だからこそ「死に方講座」でもある)、読者を惹きつけました。その功績の大きさは誰も否定できないと思う。「同感した」「救われた」という感想がこれほど届いたのですから。では、彼が発したメッセージとは何だったか、そしていま、われわれは何を受け取るべきか。

永さんのバックボーンに「下町」があることはあきらかです。巧みな話術の背景に下町の庶民感覚がある。そして重要なことは、永さん自身が何度も言っているように「寺の子」だったこと。彼の「生き方講座」には、「お寺さん」の知恵がふんだんに盛り込まれています。父＝永忠順さんから「君の詩に曲がつけばそれはお経だし、ラジオの番組はそのまま説教だと考えている」と評されたと言い、『伝言』にも、名刹永平寺《えいへいじ》の貫首《かんじゅ》だった宮崎奕保《えきほ》さんから「わかりやすく楽しく仏の道を説いている」と誉められたエピソードが載っていました。
　彼の語りは、たしかに説教・説法と共通するものがあり、もはや法話というべきしみじみとした語りもあります（『永六輔のお話し供養』小学館、二〇一二年）。

僕がその人を忘れない限り、その人は存在していて消えることはない。
僕たちは死者と共に生き、自分が死ねば誰かの心に記憶として宿る。
でも、人は歳月の中で、亡くなった人のことを忘れがちです。
だから、ときどき誰かと故人の思い出話をしたり、街角で出会ったりしましょうよ。
それも供養のひとつだという気がします。

　永さんが亡くなった後、わたしはあらためてこれを読み、彼の肉声が聞こえる思いで胸が詰まりました。そしてどこか救われている。彼は心に沁みる話をふんだんに提供していて、すぐれた説教師であることにまったく異論はありません。

それを了解したうえで、確認しておかなければならないことがある。こうした慰めの言葉は決して諦観や現実逃避にはつながらず、もっといい世の中にしようと元気づける方向で一貫していたことです。そして、心の問題として捉えるだけでなく、社会のありようを見つめ、批評・批判する姿勢をともなっていた。じつはこの姿勢は、本来の宗教のあり方といっていいのかもしれない。現実から目をそむけて心の平安を求めるのではなく、間違った世の中を匡《ただ》して、いま生きている人たちを救う。それこそが宗教者の課題だったはずだからです。その意味では、永さんは「寺の子」として、宗教の本義をしっかり体現していた。

これはそのまま、床屋談義の達人ということにつながります。同じ目の高さで語ることで大事なメッセージを伝え、つねに笑いをともなうことで心をほぐしました。車の両輪というのか、それとも同じことの表現の違いというのか、「下町」性に支えられた説教と床屋談義が彼のキーワードであったとわたしは理解したい。

そしてこのすべての背景に彼の硬骨がある。さきにふれた小室等さんの追悼文に、こんな一節があります(前掲「江戸っ子永さんのブレない発信」)。

二〇一二年、代々木公園での『さようなら原発10万人集会』で僕が担当したオープニング・ライブに、パーキンソン病で不自由な体の永さんが車椅子で駆け付けてくれた。永さんは必要な時には矢面に立つことをいとわない。

小室さんが言うように、「必要な時には矢面に立つことをいとわない」人でした。だからこそ、やさしくわかりやすく、笑いを交えて語りながら、決して揺るぐことがなかった。「ブレない発信の人」、まさに同感です。

永六輔という人、さまざまな角度から論じられ、思い出されるのが当然です。それだけの広がりを持った人だった。彼の強烈な個性は多方面に及び、簡単に要約されるものではありません。

それはわかったうえで、わたしはいま、すぐれた説教師であって、しかも床屋談義の達人という要素をこそ思い出したい。そして彼の硬骨に学びたい。わたしがインスパイアされたのは、何よりそれでしたから。下町の健康な庶民感覚をベースに、揺るぐことない硬骨を背景としつつ、「永さん独特のセンスを発揮した説教と床屋談義、それが永さんのラジオであり、講演であり、本なのだと。

あとがき

「井の中の蛙、大海を知らず。ただ空の深さを知る」
「大海の鯨、井の底を知らず」

永さんに教えられたこのことわざに導かれ、勇気づけられたことは「まえがき」に記したとおりです。そして執筆しながら何度もこのことわざを思い返し、それを気持ちの支えとして、ここまでたどりつくことができました。

わたしにとって本書は、みずからの仕事に誠実でありたいと願う「井蛙《せいあ》」が、ほぼ二〇年におよぶ交流のなかで何を重要と思い、何を受け取ろうとしてきたか、その「記憶の体系」です。担当編集者＝小池正夫さんはもっと大きな文脈に置き直し、こう表現してくれました。いわく「一編集者の定点観測の記録」だと。この定義にわたしは深く納得しました。たしかにわたしは、編集者という立場を「定点」としています。そして可能な限り永さんに寄り添いつつ、彼の魅力を「観測」してきたといってよさそうだ。

観測というアナロジーがぴったりと思った理由は二つあります。ひとつは、観測には観測者の能力と個性が関係していること。いうまでもないことですが、観測とは客観的なデータの羅列ではありません。読みとる行為があって、はじめて意味を持つ。そこには当然、読みとる側の課題意識が関わりますから、それなりの角度が生じます。つまり、本書に即してひらたくいえば、わたしが記憶したいと思ったことが中核になるということで、わたしの実感と照応している。

いまひとつは、観測である以上、ある客観性が求められること。記憶なるもの、ときに思い込みや思い違いの危険があります。実際の本づくりにあたっては、何度も当時のドキュメントを点検し、関係者の証言の聞きとりを行ないました。むろん完璧であるはずもなく、限界はありますが、訂正すべきは訂正する作業をへています。単なる記憶のみに収斂《しゅうれん》させては事実としても違う。つまり、わたしのなかに厳としてある「記憶の体系」をベースにしつつ、ある客観性を持った「観測記録」として本書ができたといっていい。「一編集者の定点観測の記録」、そのとおりかと思う。

さて、こうして本づくりの過程をたんねんにたどってみると、これまでよく知られた事実が新たな色彩を帯び、どこかしら、永さんの人となりの大事な側面を浮かび上がらせたところがあるのではないでしょうか。タイトルに示したように彼は「伝える人」でした。「伝える」ことの大事さをこれほど見事に表現し、そして一貫して続けた人を他に知りません。まだ彼の世界を知らない人はぜひトライしてほしい。かつて彼の語りに親しんだ方々には、あらためて思い出してほしい。本書を執筆しているとき、つねに念頭にあった願いはそれであり、「伝える人」＝永六輔像をいささかなりとも豊かにすることにつながるならば、とても嬉しいことです。

そのうえでどうしても言っておかなければならないことがある。永さんの精神と姿勢を思い起こすことは現代の課題につながっていることです。本文の結びで書いたように、彼はすぐれた説教師であると同時に床屋談義の達人、そして硬骨の人でした。いま、言葉があまりにも軽く、ときに弄ばれていて、無力感さえ引き起こされている。このとき彼に学ぶことがいかに重要か。現在を考えることにつなげるという課題に接近できてこそ、「定点観測」の意味があると考えたい。

本書の叙述のありようについて、触れておくべきことがあります。これは編集者という立ち位置に関わっていました。評論家やジャーナリストであれば、論じる対象である書物を作品として見つめ、自分の文脈のなかに位置づける。むろんその著者とはしっかり距離をとる。だからこそ「評伝」が成立する。しかし、編集者は違います。仕事の本分というべき、もっとも大事なのは著者に寄り添うこと。しばしば編集者＝黒衣といわれるように、いわば著者と一体になって、自分の思いはすべて本づくりのなかに注ぎ込んでいます。それだけに客観的対象として突き放すことは気持ちのうえで難しく、著者との距離感が微妙です。

その特質は引用文の扱いに典型的にあらわれました。本文中に引用が多いことはすでにお気づきでしょうが、それはなぜか。ひとつは本書の性格から来る当然の帰結です。眼目のひとつが本の叙述に即して語りの魅力を考えることでしたから、引用なしで論ずることができるはずもありません。しかしもうひとつ、もっと大事なことがある。引用箇所は、自分の行論に都合がいいから適当に引っこ抜いてみたというのでは決してない。それぞれにわたしの思いが詰まっていました。本づくりの過程でいかに重要な意味を持ったところか、身体が知っています。わたしの「記憶の体系」を構成する大事なパーツなのです。

ただ、わたしのなかに、できるだけ自分は後景にしりぞいて、永さんをして語らしめたいという気持ちがあったことは拭えません。著者に敬意を表したいと思えば、なおさらそうなります。じつは当初の原稿ではもっと引用が多かった。無意識のうちに黒衣の本能が関係していたかと思う。二〇一七年夏にいったん完成し、校正作業が本格化したにもかかわらず、再度全面書き直しという異例な進行になったのは、このことが関係していました。

改訂稿ではその気持ちを抑え、可能な限り引用部分を絞るかたちになります。つまり本書は、編集者の立ち位置を意識しつつも、それをどう克服・止揚して自分の論述としてまとめるかという作業でもあったのです。結果として、編集者がみずから編集した本を語り、経験を問い直すときにはどんな書き方になるか、という一例になったのかもしれません。むろん、良くも悪くも、ですけれども。

さて、ものごとを見る視点に「虫の眼／鳥の眼」があるとは、よく言われることです。ミクロな視点＝「虫の眼」、マクロな視点＝「鳥の眼」。それで言うなら、本書は「虫の眼」で通していて、そこに眼目がありました。しかし、自分なりに「鳥の眼」を意識していたこともやはり事実。本文で若干は触れたとはいえ、正面から論じてはいないので、ごく重要と思われることのみ言及しておきたい。

『大往生』が新書創刊ラッシュの大きな引き金になったことはまず間違いないところで、それまで比較的安定していた新書市場が激変しました。当時、数社しか出していなかった教養新書はアッという間に二桁になります。新書出版社が増加することじたいは別に不思議ではなく、いずれこうした状況が生まれたと思われますが、『大往生』のめざましい成功が刺激し、勢いづけたところがありました。そしてその後も創刊が続き、いまは出していない出版社のほうがめずらしい。出版社数の増加は新刊点数が膨大になったことを意味します。これとあいまって、「器」のイメージが薄れ、単品化が進行したことは否めないと思う。教養新書ジャンル全体としては必ずしも伸びていないのに、『大往生』以前は皆無だったミリオンセラーがいくつも登場するのは、表裏の関係というところがありました。こうした出版界のありように関わる大きな動向については、すでに多くの識者の方々がさまざまに論じていることなので、ここでは事実としてそうであったことだけを確認し、これ以上は述べません。

当時はここまで見えていませんが、予兆は感じられました。そして「器」のイメージの再構築こそ重要だと自覚します。わたしは新しい性格の「知恵の本」の登場と捉え、その確信を得たがゆえに積極的にシリーズ化したわけですけれど、当時の論調の大勢は、方向を転換したという受けとめ方でした。従来のロングセラー路線を放棄し、一発勝負化したという評まである。これはまったく不本意です。しかし、そうした感想が生まれていることを放置することはできません。なぜなら、もともと新書は叢書イメージを「売り」にしていて、そこに信用の源泉があるからです。とくに岩波新書の場合、その要素が際立っていましたから、なおさらでした。永さんの新書をさらに推し進めるためにこそ、位置づけをきちんと詰めておかなければならない。

これはむろん、永さんのあずかり知らないことであり、現場が考えるべきことです。わたしは岩波新書創刊六〇年(一九九七年)という節目の年に現場責任者＝新書課課長になっており、職場の議論をリードする立場になっていました。青版新書以来、叢書イメージの核をなしてきた学術・教養ものの強化とか、それを表現する刊行ラインナップの工夫とか、さまざまな手立てを考えますが、さすがに本題から離れてしまうので、詳しいことはカットします。

もっとも大事なことは、新しい可能性を「器」の文脈のなかにしっかり根づかせることです。やや一般論になりますが、伝統は革新されてこそ伝統の名に値します。ただ従来のありようを踏襲するなら、単なる墨守であり、縮小再生産にしかならない。とくに新書は時代の空気を呼吸し、時代に必要なものを提供することをむねとする叢書です。守るべきはその「かたち」ではなく「精神」。冒険は必須なのです。そしてそれはどのようなかたちであらわれるか、予想しきれない。必要なのは、冒険の結果をどう受けとめ、これまでの文脈のなかにどう生かすかでした。

「知恵の本」という範疇を意識し、自覚化したのは『大往生』があったからこそでした。新書には「知識の本」と「知恵の本」がある。前者は論拠が重要で、組み立てが意味を持つ世界。これに対して、後者は断片が魅力であり、語り口こそが大事。わたしはこう捉えました。むろん、こうした二分法が危険であることは承知しています。一冊一冊は個性的なものであり、「知識」「知恵」が重なり合うものですから、簡単に分類してはいけません。しかし、魅力のありようが違うと理解することで、編集作法が違ってくる。とても単純にいうなら、前者は論じられるコトが重要で、後者は語るヒトに注目すべきだからです。

いま述べたのはあくまで編集スタイルに関わることであり、現場として取り組む課題という性格です。そもそも『大往生』に代表される「知恵の本」がここまで売れた理由は何か、それは「器」の論理とどう関わっていたのか、という大きな流れについては触れていない。おそらく初めて、その課題を論じてくれたのは、鹿野政直さんでした(『岩波新書の歴史』二〇〇六年)。簡にして要を得た見事な分析と思うので紹介します。

この本は岩波新書の新赤版が一〇〇〇点を超えるにあたり、叢書全体の流れを概観し論じるというもので、岩波新書の別冊として刊行されました。鹿野さんはまず、『大往生』登場以前にある流れが生じていたと指摘します。「創刊当初から掲げていた「教養」の旗印は、降ろしたのではないにせよ、日常性との密着度のより濃い「常識」へと、しだいに席を譲ってゆく様相をみせた」。そして「永六輔は、そういう人生論の宗匠というべき格で登場した」と。

では永さんの語りの独自性は何か。「[永六輔は]練達の鍼灸師よろしく人生のツボを押さえ、批評性を戯語にくるんで、思い惑いがちの、あるいは硬直しがちの心をほぐした」。まさにそのとおりとわたしも思う。そのうえで広く岩波新書全体の動向に結びつける。「永六輔の出現は、それまでの新書の「山の手」文化的体質にたいし、語り口そのものからして「下町」文化の登場にほかならなかった」。「「山の手」から「下町」へ旋回したというのではないが、後者にもいわばウイングを伸ばそうとしたのであった。その結果として新書の音色は、「山の手」的なタテマエ性が全体を覆っていた状態から、ホンネの吐露の広がりへと変化していった」。

この論述がわたしにとってとても嬉しかったのは、内容もさることながら、『大往生』以下の永さん本を「器」の論理のなかにちゃんと位置づけてくれたことでした。すでに触れたように、『大往生』は岩波新書のなかで異質なものとして受けとられ、例外的な存在とみなされるのが一般です。わたしは「知恵の本」として一般化して捉えたわけですけれど、事柄の本質は鹿野さんの指摘されるとおりなのかもしれない。

さて、いま一度、「虫の眼」に戻ります。わたしの個人史に属することで恐縮ですが、少し付け加えておきたい。

じつはわたしは、もともと学術書編集からスタートしていて、入社してほぼ二〇年間、そうした本づくりに馴染んでいました。そのなかで、学術・教養ものでこそ、伝わるかたちを考えるべきだという思いが強くなっていきます。このとき念頭に浮かんでいたのは、フランスの歴史家、マルク・ブロックの名著『歴史のための弁明』の「序文」冒頭の一句でした。「パパ、歴史は何の役にたつの、さあ、僕に説明してちょうだい」という小学生の問いがそれです(讃井鉄男訳、岩波書店、一九五六年。なお二〇〇四年、松村剛訳で新版が刊行された)。原著はナチス占領下で綴られた彼の遺言というべきもの。彼は、これがいかに厳しい問いであるかを言い、学者には「高度な平易さ」が求められていると記しました。死を目前にした碩学《せきがく》が最後の著作の冒頭にこの質問を掲げたことに、深く感銘を受けたものです。

そして新書編集部に移り、いよいよこの姿勢の大切さを痛感する。とくに学術・教養の意味が疑われている時代にあって、誰もがわかる言葉を編み出さなければいけない。そう感じているときに『大往生』に出会いました。そして思う、「知恵の本」はむろん、「知識の本」においても、永さんの語りに学ぶべきところがあるのではないか、何かしら参考になるヒントがあるのではないか。むろん、永さんの新書は彼の強烈な個性ゆえに成立しているものなので、そのまま応用できるものではありません。しかし、著者とのキャッチボールをくり返すとき、何がどこまでできたかは別にして、わたしなりに永さんに学んだ感覚がはしばしにあらわれたようにも思えます。「質を落とすことなしに、もっと読者を引き込む工夫ができないか」と。

こうしてわたしは、ひそかにこう思うようになりました。「知識の本」と「知恵の本」では編集作法が違うことを意識したうえで、それぞれのよさを互いに浸透させたい、学術的背景を持つ「知識の本」といえども、伝わるかたちを工夫しなければならず、著者の個性を魅力の根源とする「知恵の本」もまた、しかるべき厳しさが必要とされる、それを一冊一冊に即して考える姿勢でありたいと。その後わたしは、出版の任務とは「残すべき言葉」を選び抜き、「届くかたち」を編み出すことに集約されると定式化することになりますが、そこにはこのときの経験が大きく関わっていました。

わたし個人としていうと、永さんにもっとも感謝することのひとつは、こうしたことを考えるきっかけをつくってくれたことでした。つまり彼はわたしが自分の編集作法をつくるうえで恩人なのです。

むろんいま言ったことは、わたしが勝手に思っていること。永さんは笑い飛ばしそうです、「あいかわらず硬いことを言っているなあ」と。

いま「あとがき」を書きつつ、あらためて、多くの方のご理解とご助力に支えられて出来上がったものであることを痛感しています。そもそもわたしの経験は、岩波書店という場があって初めて実現したことであり、当時の岩波書店の先輩・同僚・後輩の援助なしにはありえないものでした。編集という作業はチームの力があってこそ意味を持ちます。永さんの新書に関してももし功績があるとするなら、わたし個人に属するものではない。そしていま、後輩たちが永さんの新書を守り、さらに広めるべく努力してくれています。つまり永さんの新書を実現し、支え続けたのは岩波書店そのものです。今回、職務ゆえに知り得たことをもとにしながら、わたしなりの観点で自由に綴ることを許してくれた岩波書店に深く感謝したい。

同時に、他社の出版物をめぐる話であるにもかかわらず、一編集者の「観測記録」を残すことじたいに意味があると捉えて、出版の労をとってくださった集英社に御礼申し上げます。広く出版文化を考えるうえで、本書がいささかなりとも役立つところがあればと願うものです。

本づくりの過程では多くの方のご助力を得ました。

前枝麻里奈さんには素敵なカットを描いていただきました。永さんの新書のカットはすべて前枝さんの作であり、本書を彩ってもらえたことはとても嬉しい。

坂巻克巳さん（本文ではSさんとして登場）は、執筆を勧めてくれたのみならず、原稿をくり返し読んで、気がついたことをコメントしてくれました。

原稿作成段階から見守ってくれて、ときにアドバイスをしてくださった方々は数多く、とくに以下の方々にはさまざまなかたちでご援助いただきました。感謝の念を込めて、お名前のみ掲げさせていただきます。

天野泰明さん、小木田順子さん、小室等さん、坂口顯さん、塩尻親雄さん、竹内好春さん、朴慶南《パクキョンナム》さん、林建朗さん(本文ではHさんとして登場)、平野篤さん、本間康子さん、前田優子さん、森光実さん、吉村千彰さん。

あらためて、ご助力くださったすべての方々に心より感謝し、御礼申し上げます。

そして編集担当してくれた集英社=小池正夫さん。厳しくも温かい指摘にいかにインスパイアされたことか。小池さんの示唆無くしては、このかたちで仕上がることはなかった。また、わたしの非力ゆえ、進行に関してご迷惑をおかけしたにもかかわらず、辛抱強く見守ってくれたことには感謝の言葉以外にない。同じく、校正を担当してくれた増井潤一郎さん。長年の永さんファンでもある増井さんは深く読み込んでくださり、ドキュメントを点検して、わたしの勘違いや見落としを修正してくださった。そして長谷川洋一さんには小池さんの異動後、編集担当を受け継いでいただき、的確な指示をいただきました。ありがとうございました。


最後にまことに個人的なことを。

わたしの母が喜寿を迎えるとき、永さんに色紙を無心したことがあります。快く承知してくれて、すぐにていねいに墨書された色紙が届けられました。それはいまも、卒寿を超えた母の居間に飾られ続けています。永さんの詞の一部で、『大往生』にも載せられた言葉。末尾にそれを掲げます。

生きているということは
誰かに借りをつくること
生きてゆくということは
その借りを返してゆくこと

二〇一九年一月

井上一夫

井上一夫 いのうえかずお

1948年、福井県に生まれ、新潟県、富山県で育つ。

1973年、岩波書店入社。日本思想大系編集部、文科系単行本編集部、

日本近代思想大系編集部、新書編集部をへて、1999年、営業部に異動。

2003年から同社取締役(営業担当)となり、2013年退任。

単行本では、主として日本史関係書目を担当し、

新書では永六輔シリーズをはじめ、阿波根昌鴻『命こそ宝』、

田中琢・佐原真『考古学の散歩道』、井波律子『三国志演義』、

吉田孝『日本の誕生』、阿久悠『書き下ろし歌謡曲』、

姜信子『日韓音楽ノート』、関屋晋『コーラスは楽しい』、山藤章二『似顔絵』、

小室等『人生を肯定するもの、それが音楽』、鈴木敏夫『仕事道楽』などを

手がけた。

伝《つた》える人《ひと》、永六輔《えいろくすけ》 『大往生《だいおうじょう》』の日々《ひび》

2019年3月10日　第一刷発行

著　者　井上一夫《いのうえかずお》

ブックデザイン　シーズ・プランニング

発行者　茨木政彦

発行所　株式会社　集英社

〒101-8050 東京都千代田区一ツ橋2-5-10

電話　編集部　03-3230-6141

読者係　03-3230-6080

販売部　03-3230-6393（書店専用）

印刷所　凸版印刷株式会社

製本所　ナショナル製本協同組合

定価はカバーに表示してあります。造本には十分注意しておりますが、乱丁・落丁（本のページ順序の間違いや抜け落ち）の場合はお取り替え致します。購入された書店名を明記して小社読者係宛にお送りください。送料は小社負担でお取り替え致します。但し、古書店で購入したものについてはお取り替え出来ません。なお、本書の一部あるいは全部を無断で複写複製することは、法律で認められた場合を除き、著作権の侵害となります。また、業者など、読者本人以外による本書のデジタル化は、いかなる場合でも一切認められませんのでご注意ください。

© Kazuo Inoue 2019.　Printed in Japan

ISBN978-4-08-781656-3　C0095